COMMENT ACCUEILLIR SON CHIOT

Irvin J. DEFFIEU

COMMENT ACCUEILLIR SON CHIOT

Préparez son arrivée

Tome 1

© 2020, Irvin J. DEFFIEU

Édition : BoD – Books on Demand,
12/14 rond-point des Champs-Élysées, 75008 Paris.
Impression : BoD - Books on Demand, Norderstedt, Allemagne

ISBN : 9782322210909

Dépôt légal : avril 2020

PRÉFACE

Samy vient de naître dans une modeste petite demeure.

Les premières années de sa vie se passent dans l'amour et le bonheur avec sa mère Adeline, qui est infirmière et mère célibataire. Elle assure son éducation en veillant à ce qu'il ne manque de rien, et elle se prive souvent quand la nourriture diminue pour celui qu'elle appelle "mon petit cœur", et qui est son seul et unique fils.

Sa mère le chouchoute, le câline, l'aime, et Samy l'aime au centuple. Ce qu'il adore plus que tout, ce sont les balades à vélo du dimanche après-midi avec sa maman. La maman du jeune petit garçon est son roc, son héroïne, il se demande toujours ce qu'il ferait sans elle si un jour elle venait à partir (un peu comme nous tous…). La nuit, avec sa mère, Samy dort dans le même lit. Rien de tel que la chaleur de ceux que l'on aime pour passer les froides nuits d'hiver. Samy est un enfant heureux qui croque la vie à pleines dents en présence de sa maman.

Et puis un jour…

…Samy voit 3 inconnus s'approcher et rentrer chez lui, ils commencent à l'observer, et finalement récupèrent le petit garçon sans son accord. En panique, démuni et apeuré, Samy recherche sa mère et arrive à capter son regard :

Samy :" Maman que se passe-t-il ? Pourquoi me font-ils ça ? S'il te plaît aide m… "

La porte de la voiture des inconnus se referme, il est désormais trop tard… Et la mère de Samy choquée, n'a pas eu le temps de réagir.

Samy ne le sait pas encore, mais c'est la dernière fois de sa vie qu'il verra sa mère, et il n'a même pas pu lui dire au-revoir, ni la remercier, ni lui dire comment il l'aimait à en mourir…

Ces inconnus parlent une langue que Samy ne comprend pas. Il arrive dans un endroit hostile, gigantesque et froid à ses yeux, Il était loin d'imaginer que ce genre d'endroit pouvait exister. Il est désormais seul, sans sa mère, et doit se débrouiller pour s'adapter à ce nouveau monde…

Cette histoire pleine d'émotions et d'intrigue est bien réelle. Ce genre de chose arrive chaque jour, des milliers de fois, partout en France et dans le monde…

" Ok Irvin ! Cette histoire est très malheureuse, mais qu'est-ce que cela a à voir avec les chiots ? "

C'est précisément là où je veux en venir. La vie de Samy est la retranscription canine de l'expérience de milliers de chiots. À chaque fois que quelqu'un adopte un chiot, l'histoire se répète.

Je ne dis pas que c'est mal d'adopter un chiot, bien au contraire, je vous invite même à le faire à 2 000 % lorsque c'est votre premier chien ! Mais si vous prenez conscience des émotions de votre chiot, de ce qu'il endure lorsqu'il atteint l'âge légal d'adoption (8 semaines), et que vous venez le récupérer, vous aurez la possibilité de mieux vous préparer, de mieux l'accueillir, de mieux l'éduquer, et d'améliorer la relation que vous allez avoir avec lui, car vous allez penser en fonction de lui et non en fonction de vous.

Et ça, je peux vous l'apprendre.

Dans l'histoire de Samy, les inconnus c'est **VOUS**. L'endroit hostile, gigantesque et froid, c'est **VOTRE MAISON**. Vous vous devez de devenir, aux yeux de votre chiot, une personne de confiance, un héros. Un vrai **RÉFÉRENT AFFECTIF**.

Il faut que votre maison soit un havre de paix et de bonheur. Sinon, ça ne vaut absolument pas le coup que votre chiot vive cette séparation si douloureuse d'avec sa mère !

L'accueil du chiot se fait en 3 étapes. J'ai donc décidé de rédiger 3 tomes de ce livre, qui vont se suivre et s'imbriquer parfaitement, pour vous permettre d'accueillir votre chiot dans des conditions optimales, **ÉTAPE PAR ÉTAPE.**

Vous êtes ici dans le 1er tome : **préparez son arrivée.**

Laissez-vous guider au fil des chapitres par mes conseils positifs, afin que votre chiot puisse faire de vous sa deuxième famille, en qui il aura entière confiance, dès le tout premier jour de cohabitation.

Vous allez vite vous rendre compte que cela se prépare et que rien n'est laissé au hasard. Installez-vous confortablement dans le futur canapé de votre toutou (comprendra qui pourra) et commencez la lecture de ce manuel simple et pratique…

CHAPITRE 1 – TOP DÉPART : LES PRÉPARER, VOUS PRÉPARER, TOUT PRÉPARER !

INTRODUCTION

" Avant de venir chercher Samy, les 3 inconnus se sont préparés… Mais qu'ont-ils véritablement fait ?"

PRÉPARER VOTRE MAISON

Imaginez que vous partez en vacances. Vous avez réservé un hôtel 5 étoiles. Lorsque vous arrivez dans votre chambre, catastrophe ! Votre chambre est sale, le lit n'est pas fait, pire encore, il y a de la nourriture avariée par terre et une musique atroce à la télévision. Comment vous sentiriez-vous ? Si vous êtes comme moi, sûrement très en colère, et jamais vous n'oserez dormir dans de telles conditions !

Pour votre chien, c'est la même chose. Lorsque vous préparez votre maison, vous devez vous concentrer sur 2 points : la sécurité et le confort. Voyons ensemble comment procéder.

1 – LISTER LES PIÈCES/ZONES AUTORISÉES ET INTERDITES

Si vous vivez dans un petit studio c'est très simple, il n'y a pas de pièces ou zones autorisées et interdites, vous pouvez passer à l'étape suivante. Si vous avez un appartement plus grand ou une maison, c'est différent. Vous allez sûrement vouloir que votre chiot ne se trouve pas dans une pièce ou une zone spécifique, soit par souci de sécurité, soit parce qu'il n'a rien à faire là.

Je vous conseille dès maintenant de faire (sur papier) une liste de l'ensemble des pièces et zones de votre maison. Déposez ce livre, et faites-le maintenant. À gauche, vous allez mettre la liste des pièces et zones de votre maison, et à droite le statut. Le statut sera soit "autorisé" ou "refusé".

Votre tableau devrait approximativement ressembler à ceci :

Pièces & zones	Statut
Salon	Autorisé
Cuisine	Autorisée
Chambre au rez-de-chaussé	Autorisée
Dressing au rez-de-chaussé	Refusé
Salle de bain	Autorisée
1er étage de la maison	Refusé
Garage	Refusé

Tableau des pièces et zones autorisées et interdites

Observez comment j'ai stratégiquement rajouté "1er étage de la maison" en statut "refusé". Si vous le souhaitez, vous avez la possibilité de refuser l'accès à l'ensemble d'un étage. Mais vous pouvez également décider de ne donner l'accès qu'au couloir du 1er étage de votre maison (une zone), c'est vous qui décidez. Ne prenez pas mon tableau comme référence, vous devez l'adapter à votre maison et à vos besoins.

2 – DÉTERMINER ET DÉLIMITER VOS PIÈCES ET VOS ZONES

La délimitation peut aller du simple au compliqué. Si votre pièce se ferme grâce à une porte, le problème est réglé. Si vous avez des pièces ouvertes comme une chambre/dressing, et que vous voulez donner l'accès à la chambre mais pas au dressing, il vous faudra une barrière.

De même, si vous voulez refuser l'accès à un étage entier, vous serez obligé d'aménager une barrière au niveau de votre escalier, de préférence en bas.

Je vous conseille les barrières avec portes intégrées et ajustables pour que vous puissiez circuler. L'avantage de ces barrières est que vous n'avez aucun trou à percer, la barrière se pose simplement, grâce à un système de ressort et d'extensions. Elle est fonctionnelle immédiatement.

Vous allez pouvoir faire vos délimitations à l'aide de ces barrières.

DÉLIMITER LA ZONE DE REPOS

L'aire de repos de votre chien se doit d'être calme, bien aérée en été, et chauffée en hiver. Elle doit être située de préférence en retrait des zones de passage (couloir ou milieu de pièce) pour éviter qu'il ne soit dérangé, car c'est là que vous allez installer son panier.

Je conseille aux centaines de membres que je coache sur mon groupe Facebook : "Éducation positive pour les chiens [Officiel] – Toutou Pour Lui" de privilégier les coins de pièce. Pour cela, le coin du salon un peu en retrait ou derrière le canapé est idéal.

Prenez votre liste des pièces et zones autorisées et refusées, et rajoutez-y un nouveau champ : "Rôle". Je me suis permis de rajouter également une nouvelle zone : "Coin du salon".

Pièces & zones	Statut	Rôle
Salon	Autorisé	
Coin du salon	Autorisé	Lieu de repos
Cuisine	Autorisée	
Chambre au rez-de-chaussé	Autorisée	
Dressing au rez-de-chaussé	Refusé	
Salle de bain	Autorisée	
1er étage de la maison	Refusé	
Garage	Refusé	

Tableau des pièces et zones autorisées et interdites avec rôles

DÉLIMITER LA ZONE DE JEU

Lorsque vous délimitez une aire de jeux dans la maison, vous canalisez votre chien, car il saura qu'on ne peut jouer que dans une zone spécifique de la maison. Avec les "préludes éducatifs" (que nous verrons dans les prochains tomes du livre), vous aurez même la possibilité de le canaliser dans la pièce de jeu à des heures spécifiques.

La zone de jeu doit être calme et aérée en été, chauffée en hiver, permettant de capter facilement l'attention du chien. Tout cela pour maximiser les moments de jeu et améliorer la relation "Référent affectif /Chien". Je vous conseille une zone du salon, à proximité de la zone de repos. Ainsi, son lieu de repos pourra plus facilement être assimilé comme positif pour lui.

Rajoutez une nouvelle zone dans votre tableau, avec un nouveau rôle dédié.

Pièces & zones	Statut	Rôle
Salon	Autorisé	
Coin du salon gauche	Autorisé	Lieu de repos
Coin du salon gauche en face du Lieu de repos	Autorisé	Lieu de jeu
Cuisine	Autorisée	
Chambre au rez-de-chaussé	Autorisée	
Dressing au rez-de-chaussé	Refusé	
Salle de bain	Autorisée	
1er étage de la maison	Refusé	
Garage	Refusé	

Tableau des pièces et zones autorisées et interdites avec rôles

DÉTERMINER LA PIÈCE POUR LIMITER LES ERREURS DE PROPRETÉ

On gardera à l'esprit que le chiot n'arrive pas à se retenir plus de deux heures (ceci est une base théorique et varie en plus ou en moins en fonction du chien).

Lors des absences du domicile, pour éviter de retrouver des excréments partout dans la maison, il vous faut une pièce pour concentrer ses erreurs de propreté en attendant qu'il soit totalement propre. Au retour, vous savez que vous allez retrouver ses besoins à cet endroit spécifique, ce qui vous enlèvera un poids.

Je vous conseille la cuisine, ou un couloir de votre maison lors des absences, en veillant toujours à ce que la pièce ou la zone soit sûre à 100 % pour la sécurité de votre chien.

Mettez à jour votre tableau comme suit :

Pièces & zones	Statut	Rôle
Salon	Autorisé	
Coin du salon gauche	Autorisé	Lieu de repos
Coin du salon gauche en face du panier	Autorisé	Lieu de jeu
Cuisine	Autorisée	Lieu en attente que le chiot soit propre
Chambre au rez-de-chaussé	Autorisée	
Dressing au rez-de-chaussé	Refusé	
Salle de bain	Autorisée	
1er étage de la maison	Refusé	
Garage	Refusé	

Tableau des pièces et zones autorisées et interdites avec rôles

DÉLIMITER LA ZONE DES REPAS

Une pièce gagnante ici : la cuisine. Privilégiez un coin de votre cuisine calme, bien aéré et/ou chauffé en fonction des saisons, et surtout où il y a peu de passage.

Pièces & Zones	Statut	Rôle
Salon	Autorisé	
Coin du salon gauche	Autorisé	Lieu de repos
Coin du salon gauche en face du panier	Autorisé	Lieu de jeu
Cuisine	Autorisée	Lieu en attente que le chiot soit propre
Coin gauche de la cuisine	Autorisé	Lieu des repas
Chambre au rez-de-chaussé	Autorisée	
Dressing au rez-de-chaussé	Refusé	
Salle de bain	Autorisée	
1er étage de la maison	Refusé	
Garage	Refusé	

Tableau des pièces et zones autorisées et interdites avec rôles

Soyons d'accord, la cuisine étant aussi la pièce pour limiter les erreurs de propreté de votre chiot, veillez toujours à la nettoyer quotidiennement et correctement, car c'est également l'endroit où votre chien va s'alimenter.

DÉTERMINER LA PIÈCE POUR CALMER VOTRE CHIOT

C'est une pièce qui va vous servir à canaliser votre chiot, si par exemple il y a des invités et qu'il n'arrive pas à se calmer ou s'il stresse trop. Vous allez vous enfermer avec lui dans cette pièce et jouer 5 à 10 minutes calmement, le but étant qu'il retrouve un état d'apaisement.

Peu de gens y pensent et pourtant, la présence de cette pièce peut éviter bien des désagréments, notamment au niveau comportemental.

Ici, nous allons choisir la chambre au rez-de-chaussée.

Pièces & Zones	Statut	Rôle
Salon	Autorisé	
Coin du salon gauche	Autorisé	Lieu de repos
Coin du salon gauche en face du panier	Autorisé	Lieu de jeu
Cuisine	Autorisée	Lieu en attente que le chiot soit propre
Coin gauche de la cuisine	Autorisé	Lieu des repas
Chambre au rez-de-chaussé	Autorisée	Lieu de canalisation
Dressing au rez-de-chaussé	Refusé	
Salle de bain	Autorisée	
1ᵉʳ étage de la maison	Refusé	
Garage	Refusé	

Tableau des pièces et zones autorisées et interdites avec rôles

DÉTERMINER LA PIÈCE OU LA ZONE DE NETTOYAGE

Lorsque vous avez un chien, vous vous devez de le nettoyer au minimum une fois par mois. Mais vous allez vite vous rendre compte qu'un petit voyage en forêt par temps de pluie vous fera augmenter très rapidement ce petit "minimum" pour votre plus grand plaisir. En règle générale, le nettoyage de votre loulou va se faire soit en extérieur (à éviter en hiver, mais en été c'est top !), ou soit en intérieur, directement dans votre salle de bains.

Mettez à jour votre tableau comme suit :

Pièces & zones	Statut	Rôle
Salon	Autorisé	
Coin du salon gauche	Autorisé	Lieu de repos
Coin du salon gauche en face du panier	Autorisé	Lieu de jeu
Cuisine	Autorisée	Lieu en attente que le chiot soit propre
Coin gauche de la cuisine	Autorisé	Lieu des repas
Chambre au rez-de-chaussé	Autorisé	Lieu de canalisation
Dressing au rez-de-chaussé	Refusé	
Salle de bain	Autorisée	Lieu de nettoyage
1er étage de la maison	Refusé	
Garage	Refusé	

Tableau des pièces et zones autorisées et interdites avec rôles

Maintenant que nous avons établi les pièces interdites et le rôle de chaque zone et pièce autorisée, nous allons passer à la sécurisation de votre maison.

3 – SÉCURISER LES PIÈCES IMPORTANTES DE VOTRE MAISON

Du salon à la cuisine, en passant par la salle de bain et la chambre, vous vous devez de retirer tous les éléments coupants et toxiques pouvant blesser et altérer la santé de votre chiot. Comme j'aime bien le dire : "on ne va pas chercher midi à 14 heures, on va aller à 14 heures direct !"

Dans l'ensemble des pièces de votre maison, évitez d'avoir des objets coupants au sol. Rangez-les ! (notamment dans la cuisine).

SÉCURISER VOTRE SALON

Retirez vos vases des tables !

La télécommande de votre télévision se doit d'être rangée dans un meuble TV dédié et de préférence fermé. De même pour vos câbles de box et wi-fi (surtout si vous avez la FIBRE), box de jeux-vidéos, stylos, crayons, tout objet en plastique ou en métal coupant, balais, livres, règles, trousses, câbles électriques, ordinateurs, jouets de vos enfants (si vous avez des enfants), feuilles en papier, boîtes en carton, billes, clefs de porte, porte-monnaies, cartes de crédit (ou assimilé), vis, bouts de bois ou de parquet apparent, bouts de papier peint usés, bouts de lino usés ou tout autre revêtement de sol, clé USB, portable, tablette, pièces de monnaie et j'en passe doivent disparaître de sa portée.

Dans le salon en particulier, faites très attention si vous avez une cheminée ; ne faites pas l'erreur de laisser votre chiot apprendre que le feu, ça brûle… Aménagez à l'aide d'un système de barrière une zone de non-accès sécurisée autour de votre cheminée. De même si vous avez un chauffage électrique ou à gaz.

SÉCURISER VOTRE CHAMBRE ET VOTRE DRESSING

Rangez vos chaussures (et lacets), chaussettes, vêtements, sous-vêtements dans des compartiments dédiés. Les coussins doivent être protégés par une couverture, votre lit doit être fait chaque matin. (ça c'est cadeau ! 😁)

Si vous êtes d'une nature sportive comme moi : corde à sauter, haltères, tapis de yoga, gants, sont autant d'objets qu'il vous faut retirer de la portée de votre chiot.

SÉCURISER VOTRE SALLE DE BAIN

Vos élastiques pour cheveux, paires de ciseaux, petits miroirs, coton-tiges, coupe-ongle, pinces, thermomètre à mercure, pansements, tous les objets médicaux en général, peigne, brosse, brosse à dent, bagues, bracelets, colliers, se devront d'être rangés également.

SÉCURISER VOTRE CUISINE

Rangez vos verres, couteaux, fourchettes, cuillère, dessous de table, bols en plastique ou en verre, moule à tarte, boîtes de conserve, sac de courses, en bref tout ce qui, de près ou de loin, peut blesser votre toutou.

SÉCURISER VOTRE GARAGE

Le garage est une pièce très dangereuse pour votre chien. Veillez à ranger vos outils si vous en avez : marteau, tournevis, clous, scie, vis, objets électriques, bout de bois, en bref, tout ce qui, de près ou de loin, peut blesser votre chien. Vous pouvez aussi lui interdire cette pièce.

RANGEZ VOS PRODUITS TOXIQUES

Maquillages, rouge à lèvre, **pilules contraceptives**, dentifrice, parfum, médicaments, produits ménagers, doivent être hors de portée de votre chiot. Mettez-les soit en hauteur, ou dans un endroit difficile d'accès et fermé. Et lorsque je dis fermé, c'est fermé à double tour, car certains chiots arrivent à ouvrir les portes !

ÉVITER LES ALIMENTS TOXIQUES

Ce conseil porte notamment pour la cuisine. Utilisez vos placards et votre frigo judicieusement pour ranger les barres de chocolat (très toxiques pour votre chien). Mais également les bouteilles d'alcool, l'ail, les oignons, la ciboulette, la pomme de terre crue (si elle est cuite et écrasée, elle peut causer des problèmes intestinaux mais n'est pas toxique), le sel de table et les aliments à haute teneur en sel, les os cuits de : canard, de lapin, de poulet, et de dinde. Les raisins, les cerises, les prunes, les avocats, les poires, les abricots, les champignons, les noix de cajou et de macadamia (et plus généralement tous types de noix), ainsi que les produits laitiers de toutes sortes.

Évitez les œufs, sauf si vous optez pour une alimentation crue. Dans ce cas, l'œuf cru est limité à un par semaine (et uniquement lorsque l'ensemble des introductions alimentaires ont été faites).

Les boissons énergisantes, le café, le thé, les chewing-gums, la pâte à gâteaux, les fruits fermentés, la pâte à pain crue, le thon en boîte et les médicaments pour humains sont également à proscrire.

Cette liste n'est pas exhaustive, je viens de vous donner les aliments principaux que l'on retrouve en général à la maison. Pour avoir une liste plus précise, je vous conseille, d'aller voir un spécialiste dans ce domaine.

ÉVITER LES PLANTES TOXIQUES

Si vous avez la main verte, il est possible que vous ayez des plantes à la maison ou dans votre jardin. Je vais donc terminer cette liste par les plantes qu'il faut absolument retirer lorsque vous accueillez un chiot chez vous.

Nous aurons le lys, le yucca, le philodendron, le chêne et ses glands, le muguet, le houx, le gui, la tulipe, le rhododendron, l'hortensia, le laurier rose et le laurier cerise (ou laurier palme), le ficus, l'if, l'avocat, l'acacia, l'arum, l'anémone, la jacinthe, l'aglaonema, l'allamanda, l'amaryllis, l'azalée, le buis, le colchique, le cannabis, le chrysanthème, la glycine.

Cette liste n'est pas exhaustive et j'ai certainement oublié certaines plantes (ou objets) dangereux et toxiques, mais ça vous donne un aperçu du travail que vous avez à faire.

Autant vous dire que je veux que votre maison soit tellement nickel, propre et sécurisée, qu'elle inciterait le Président de la République en personne à dormir par terre sans garde rapprochée, tellement elle sera accueillante et inoffensive.

4 – AMÉNAGER LES PIÈCES ET ZONES AUTORISÉES DE LA MAISON

Maintenant que vous avez défini, déterminé, délimité et sécurisé vos pièces, le terrain est prêt pour rajouter des éléments permettant de mettre votre chien en confiance. C'est ici que "l'endroit hostile, gigantesque et froid" va devenir un havre de paix, d'amour et de bonheur pour votre chien.

AMÉNAGEMENT SONORE

Un point dont personne ne parle mais qui est très important... L'aménagement sonore se base sur la diffusion musicale. Eh oui ! Tout n'est qu'énergie dans ce monde. Votre corps et le corps de l'ensemble du monde du vivant est fait de particules, et ces particules ? C'est de l'énergie pure ! La musique est également de l'énergie pure. Elle peut soit diffuser des ondes positives ou négatives. Les chiens ont tendance à être beaucoup plus réceptifs aux énergies du monde qui les entoure, et notamment à la musique. Lorsque vous mettez de la musique apaisante, entraînante ou positive dans les pièces autorisées pour votre chien, il aura tendance à mieux s'y adapter. Si la musique est calme, il va se calmer, si la musique est entraînante, il aura tendance à être plus joyeux, si vous mettez une musique triste, vous aurez un loulou un peu plus triste, etc.

Vous trouverez très facilement sur YouTube des musiques faites spécialement pour les chiens avec des sonorités adaptées. Une simple recherche : "musique calmante pour chien" dans la barre de recherche vous permettra de trouver votre bonheur.

AMÉNAGEMENT DE LA TEMPÉRATURE RESSENTIE

Ce n'est un secret pour personne : il fait bon vivre dans une maison où la température est parfaitement régulée en été comme en hiver. Il faut savoir que le chien a une température moyenne de 38,5°C. Essayez de maintenir la température de votre maison à température ambiante (qu'importe la saison), c'est le mieux.

AMÉNAGEMENT DU LIEU DE REPOS

Évitez le plus possible que cette zone soit (hygiéniquement parlant) mal entretenue. La santé mentale de votre chien passe par un environnement propre en toute circonstance. Si vous entretenez correctement le lieu de repos de votre chien, il sera beaucoup plus à l'écoute. Ce sont les détails qui font la différence. Prenez-vous comme exemple. N'êtes-vous pas plus libre d'esprit dans une pièce aérée, spacieuse et propre ? À contrario, ne vous sentez-vous pas emprisonné et confiné dans une pièce qui est trop en désordre ? L'environnement où vous et votre chien vivez est la retranscription de votre état sur le plan mental. Il y a un vrai impact notable à ce niveau, je vous invite à en prendre conscience.

Rangez votre chambre et celle de votre toutou, car il ne va pas le faire à votre place !

Je vous conseille également de mettre un tissu avec votre odeur près de son panier (qui fera office de doudou) pour le rassurer.

AMÉNAGEMENT DU LIEU DE JEU

Je vous connais... Je sais que le lieu de jeu de votre chien sera exclusivement composé de jouets. De BEAUCOUP, de jouets... Parfois à l'excès, et ce n'est pas bien ! Je ne conseille pas. Et oui je sais... Je sais que vous voulez faire plaisir à votre toutou en toutes circonstances. Mais vous devez comprendre que **trop de jouets tuent le jouet** ! En général et grâce à mon expérience en tant que coach sur mon groupe d'éducation positive scientifique (**Éducation positive pour les chiens [Officiel] – Toutou Pour Lui**), plus de la moitié des jouets ne sont quasiment jamais utilisés par le chien. Votre compagnon se lasse des jouets que vous lui achetez. Résultat ? Ils sont juste là, dans le décor pour faire joli. Adoptez une petite touche minimaliste, lorsque vous achetez des jouets pour votre chien, assurez-vous qu'il joue souvent avec. S'il ne joue plus avec ses jouets, pourquoi les garder ? Séparez-vous-en pour d'autres, beaucoup plus fonctionnels, mais par pitié, ne les gardez plus chez vous !

Pour ce qui est de l'aménagement de l'aire de jeu, il vous faudra un coffre à jouets. Vous pourrez, si vous le souhaitez un jour, apprendre à votre toutou à ranger ses jouets lui-même (c'est possible !), mais ce n'est pas le sujet de ce livre. Pour les jouets, privilégiez-en 3 types : les jouets classiques (balles, pouet-pouet, frisbee), les jouets intelligents (qui vont stimuler le mental de votre chien) et un jouet pour qu'il puisse faire ses dents. Au début, prenez-en deux (en complément du jouet à mâcher et du jouet intelligent) et voyez comment votre chien réagit.

S'il n'aime pas un jouet, il pourra jouer avec l'autre. Par contre, s'il ne joue qu'avec un seul, débarrassez-vous de l'autre (il ne s'en servira plus de toute façon). Pour le jouet intelligent, assurez-vous dans un premier temps que votre chien soit réceptif aux friandises, car ce jouet ne fonctionne que via les friandises. Ce serait dommage d'acquérir un jouet que votre chien n'utilisera pas. Et des chiens qui n'aiment pas les friandises, j'en connais beaucoup ! Vaut mieux prévenir que guérir, et au moins, vous ferez des économies.

AMÉNAGEMENT DE LA CUISINE (POUR LIMITER LES ERREURS DE PROPRETÉ)

Dans la partie "**DÉTERMINER *LA PIÈCE POUR LIMITER LES ERREURS DE PROPRETÉ***" je vous avais parlé de l'intérêt de choisir une pièce lors des absences afin de limiter les erreurs du chien.

Beaucoup font l'erreur de mettre une alaise ou un papier journal pour que le chien fasse dessus. Je ne vous conseille pas cela. Le chien fera ses besoins dans un endroit de la pièce un jour, puis dans un autre endroit un autre jour, mais qu'importe, puisque l'on sait qu'il fera dans cette pièce spécifiquement ? Il ne faut surtout pas qu'il soit séduit par l'idée de faire à l'intérieur, nous verrons comment lui apprendre positivement et scientifiquement la propreté dans le tome 2 du livre.

Vous devez avoir en complément un panier à disposition dans la cuisine lors de vos absences et la température ressentie se doit d'être en cohérence avec les saisons et le confort de votre chien. De même pour l'aménagement sonore. Vous pouvez au besoin rajouter un vêtement avec votre odeur pour le rassurer.

AMÉNAGEMENT DE LA PIÈCE DE CANALISATION

Ici, je vous conseille d'avoir un jeu intelligent à disposition dans cette pièce. Le but étant de canaliser votre chien, de le calmer et non de l'exciter, on va privilégier des jeux générant une dépense mentale. Lorsque vous allez rentrer dans la pièce et sortir le jouet intelligent, il va directement se focaliser dessus puisque c'est un jouet "exclusif", c'est-à-dire un jouet qu'il n'a pas tout le temps.

AMÉNAGEMENT DE LA SALLE DE BAIN

La salle de bain est une zone assez sensible où peuvent se trouver des objets dangereux. N'oubliez pas de suivre les conseils de la partie "**SÉCURISEZ *VOTRE SALLE DE BAIN***" pour garantir la sécurité de votre chien.

En complément, je vous conseille de fixer une petite ventouse au mur avec un petit réceptacle qui peut accueillir un peu de nourriture. Ce système permettra aux chiens qui n'aiment pas les séances de nettoyage de se focaliser sur la nourriture afin d'apprécier (progressivement) ce moment.

En plus de ce petit réceptacle de nourriture, aménagez-en un autre pour accueillir les divers produits de nettoyage de votre chien. Optimisez votre temps en ayant tout à portée de main. N'oubliez pas que dans la vie, le temps ne se récupère pas.

Pour ce qui est des produits de toilette de votre chien, je vous conseille de vous référer directement à un toiletteur qui vous donnera des conseils précis et personnalisés en fonction de l'âge, de la race, du poids et du type de poils de votre chien.

AMÉNAGEMENT DU LIEU DES REPAS

Nous allons voir tout à l'heure quel type de gamelle prendre de préférence. Mais le lieu des repas va surtout se focaliser sur la structure qui va accueillir les gamelles de votre chien. Lorsque vous avez un chien, il grandit. Il est donc nécessaire que sa gamelle (eau comme nourriture) soit ajustée par rapport à sa taille.

Vous devez le plus possible éviter l'écrasement des pattes de votre toutou. Pour cela, je vous conseille d'opter pour un porte-gamelles à hauteur réglable. Certains porte-gamelles peuvent aller jusqu'à 60 cm de hauteur ! Ce qui est très intéressant pour des chiens de race géante. Il en va de la santé de votre animal. Vous pouvez si vous le souhaitez demander l'avis d'un vétérinaire à ce sujet.

PRÉPARER VOTRE JARDIN

Si vous avez une maison, il est possible que vous ayez également un jardin plus ou moins grand à votre disposition et celle de votre chien.

Que vous soyez locataire ou propriétaire de votre maison, vous serez d'accord qu'un jardin propre et bien entretenu est toujours mieux qu'un jardin rempli de trous et d'excréments !

Vous devez donc aménager votre jardin pour permettre à votre chien de s'y adapter. La préparation du jardin va suivre des étapes similaires à la préparation de la maison. Il suffit juste de vous laisser guider !

1 – LISTER LES ZONES AUTORISÉES ET INTERDITES DE VOTRE JARDIN

Tout va dépendre encore une fois de la taille de votre jardin et de ce que vous avez à l'intérieur. Avez-vous une piscine en complément ? Avez-vous des arbres ? D'autres espèces animales ? Des plantes dangereuses ou des animaux dangereux pour votre chien ? Un abri ?

Quoi qu'il en soit, vous devez lister les zones autorisées et interdites. Nous allons donc faire un tableau que vous pourrez prendre comme exemple et que nous allons compléter ensemble au fil de la lecture.

Zones du jardin	Statut
Piscine	Refusée
Abri pour jardin	Refusé
Côté fond/gauche du jardin	Autorisé
Côté fond/droit du jardin	Autorisé
Terrasse	Autorisée
Parterre de Fleurs	Refusé

Tableau des zones autorisées et interdites

2 – DÉTERMINER OU DÉLIMITER LES ZONES DU JARDIN

Si on se base sur le tableau précédent, nous avons 3 zones interdites (la piscine, l'abri de jardin, et le parterre de fleurs) et 3 zones autorisées (le côté gauche du jardin, le côté droit du jardin, et la terrasse).

Vous avez alors 2 choix. Soit la zone que vous souhaitez délimiter est protégée par défaut. Ça peut être le cas de l'abri de jardin que l'on peut fermer avec une clé. Dans ce cas, vous n'avez rien à faire de plus.

Soit la zone est ouverte et il faudra la délimiter. Pour cela, vous avez la possibilité d'acheter des barrières spéciales pour jardin que vous pouvez retrouver dans les magasins spécialisés. Ces barrières ont l'avantage d'être solides et durables dans le temps, évitant à votre chien d'accéder à une zone spécifique du jardin, ce qui est un avantage pour sa sécurité, ou lorsque vous ne voulez aucun dégât dans cet espace.

Ça peut être le cas pour la piscine. Pour éviter que votre chien ne tombe à l'eau, vous devrez aménager un système de barrière pour éviter qu'il puisse y accéder ; il en va de même pour le parterre de fleurs.

DÉTERMINER LA ZONE DE PROPRETÉ EXTÉRIEURE

Si vous avez un jardin, l'apprentissage de la propreté est facilité. Mais nous ne voulons pas non plus que le chien fasse ses besoins partout dans le jardin. Choisissez donc une zone spécifique pour qu'il puisse y faire ses besoins tranquillement, et surtout, que vous pourrez nettoyer quotidiennement. Dans notre exemple, nous allons choisir le côté fond/gauche du jardin pour cette fonction. Cette zone n'a pas besoin d'être excessivement grande. Tout va dépendre de la taille de votre chien. Il faut qu'il ait suffisamment d'espace pour pouvoir faire ses besoins, et gratter l'herbe après avoir terminé. Réajustez en fonction de sa taille à la suite d'une première séance de propreté dans le jardin.

Zones du jardin	Statut	Rôle
Piscine	Refusée	
Abri pour jardin	Refusé	
Côté fond/gauche du jardin	Autorisé	Zone de propreté extérieure
Côté fond/droit du jardin	Autorisé	
Terrasse	Autorisée	
Parterre de Fleurs	Refusé	

Tableau des zones autorisées et interdites avec rôle

DÉTERMINER LA ZONE POUR CREUSER

Un des comportements naturels et nécessaires du chien est de creuser. Un chien creuse et c'est normal. Donc, laissez-le faire, mais avec intelligence. Pour cela, vous devez déterminer une zone pour que votre chien puisse creuser tranquillement, sans faire de dégât dans le reste du jardin. Nous allons nous arranger pour qu'il ne puisse pas faire non plus trop de dégâts dans la zone dédiée. (Nous verrons cela dans la partie *"AMÉNAGER LA ZONE POUR CREUSER"*).

Nous allons choisir le côté fond/droit du jardin pour la zone dédiée aux trous. Il sera également nécessaire de délimiter cette zone pour protéger le reste de votre jardin.

Zones du jardin	Statut	Rôle
Piscine	Refusée	
Abri pour jardin	Refusé	
Côté fond/gauche du jardin	Autorisé	Zone de propreté extérieure
Côté fond/droit du jardin	Autorisé	Zone pour creuser
Terrasse	Autorisée	
Parterre de Fleurs	Refusé	

Tableau des zones autorisées et interdites avec rôle

DÉTERMINER LA ZONE DE JEU

La zone extérieure de jeu est très intéressante, car c'est un endroit où le chien aura la possibilité de se dépenser positivement. Vous pouvez utiliser cette zone pour lui donner ses repas (vous éparpillez ses croquettes dans la zone) afin de le dépenser à la fois physiquement et mentalement.

Zones du jardin	Statut	Rôle
Piscine	Refusée	
Abri pour jardin	Refusé	
Côté fond/gauche du jardin	Autorisé	Zone de propreté extérieure
Côté fond/droit du jardin	Autorisé	Zone pour creuser
Milieu du jardin	Autorisé	Zone de jeu
Terrasse	Autorisée	
Parterre de Fleurs	Refusé	

Tableau des zones autorisées et interdites avec rôle

NE FAITES PAS CETTE GRAVE ERREUR...

Je tiens à attirer votre attention sur le fait que le jardin ne remplace en aucun cas **une VRAIE BONNE PROMENADE** ! Les promenades quotidiennes de votre chien doivent se faire à l'extérieur du jardin. Donc en ville, dans un parc, à la campagne, ou en forêt.

En effet, les stimulations sont différentes : il peut y croiser des congénères, humains (enfants comme adultes) et de nombreux autres éléments lui permettant de forger son caractère et son physique. Ne faites pas cette grave erreur que je vois trop souvent se répéter sur ma plateforme : "oui, mais il a 1000 m^2 pour lui tout seul afin de se dépenser, il n'a pas besoin de promenade !". FAUX ! Vos 1000 m^2, votre chien en connaît tous les coins et les recoins par cœur. Il connaît l'ensemble des odeurs qui couvrent votre terrain. Peut-être que durant 2 jours, il s'amusait bien, mais ensuite ? Le but de la promenade est de lui faire sentir, ressentir, découvrir de nouvelles choses et lui faire faire de nouvelles rencontres.

3 – SÉCURISER VOTRE JARDIN

Il faut le faire de la même manière que je vous ai fait sécuriser votre maison. Vous devez savoir qu'il y a également des éléments très dangereux dans votre jardin qui peuvent nuire à la santé de votre chien. Les premiers éléments sont les plantes. Il y a des plantes toxiques dans votre jardin ! Avant de donner accès à cette partie de la propriété à votre chien, assurez-vous que les plantes "nuisibles" ne sont plus présente. C'est un combat de tout les jours, car une plante, ça repousse. Vous devez donc veiller de près à l'évolution des végétaux. Pour obtenir la liste (non exhaustive) des plantes toxiques pour votre chien, veuillez-vous référer à la partie : "**ÉVITEZ *LES PLANTES TOXIQUES***".

Veillez également à ranger vos bidons d'essence ou de produits chimiques dans l'abri de jardin. Et à retirer rapidement vos pots de fleurs brisés.

ATTENTION AUX INSECTES !

Il y a beaucoup d'insectes qui veulent du mal à votre toutou.

Parmi ces insectes nous pouvons lister :

- les puces.
- Les tiques.
- Les abeilles, guêpes et frelons.
- Les moustiques tigre (en été)
- Les phlébotomes (avril à octobre)
- Les chenilles processionnaires (fin de l'hiver)

Vous devez donc faire attention en fonction des saisons à l'apparition de ces insectes, notamment lorsque vous avez un chiot fougueux, curieux et qui souhaite goûter tout ce qu'il trouve.

SÉCURISER VOTRE TERRASSE

La terrasse est le lieu par excellence pour les apéros, barbecues, etc. de la saison estivale. Mais votre chien y a sa place également. Je vous invite donc à faire très attention aux éléments qui peuvent altérer sa santé ou le mettre en danger, comme le barbecue, le charbon, les ustensiles de cuisine pour les grillades, mais également tous les éléments coupants qui peuvent le blesser.

4 – AMÉNAGER LES ZONES AUTORISÉES DU JARDIN

Dans notre exemple, l'aménagement des zones va se faire à deux niveaux (mais tout dépendra de la configuration que vous avez décidée). Nous allons dans un 1er temps aménager la zone pour creuser, puis la terrasse.

Les autres zones n'ont pas besoin d'une configuration particulière.

AMÉNAGER LA ZONE POUR CREUSER

Je vous conseille d'acheter un gros bac que vous allez remplir de terre. Ce bac va permettre à votre chien de creuser tout à loisir. Vous n'aurez alors qu'une seule chose à faire lorsqu'il aura terminé : remettre la terre dans le bac pour une prochaine séance. Si vous faites ceci, vous limitez les dégâts dans votre jardin, et votre chien sait qu'il a une zone dédiée pour pouvoir creuser et s'y tient : d'ailleurs ça lui suffit largement. Évitez de prendre un petit bac, préférez des bacs larges avec une bonne profondeur. Rajoutez de la terre à l'intérieur et laissez-le apprécier sa petite zone d'archéologie (vous allez peut-être y retrouver des trésors de temps en temps ! 😃). N'hésitez pas à le motiver par la voix lorsqu'il creuse dans son bac, ça le motivera à l'avenir à revenir jouer dedans.

AMÉNAGER LA TERRASSE

En été, votre chien a également sa place sur la terrasse. Aménagez-lui un petit endroit un peu en retrait (dans un coin) pour qu'il puisse profiter lui aussi de la belle vie en extérieur en plein mois d'août.

Vous pouvez lui mettre à disposition ses gamelles d'eau et de nourriture, toujours surélevées avec un porte-gamelles, ainsi que son panier.

PRÉPARER LE JARDIN DU VOISIN (?!)

Ne vous inquiétez pas, je ne vais pas vous dire de débarquer chez votre voisin avec des bottes et une pelle en lui disant : *"cher voisin, même si je ne vous aime pas, et que vous êtes un vieux débile grincheux qui n'aimez pas les animaux, je me dois de vous dire que mon chien arrive bientôt. Irvin, le coach canin, m'a dit que je devais également préparer votre jardin. Alors veuillez vous pousser pour me permettre de faire mon travail correctement. Il en va de l'avenir de mon* **"bébouuuuuunet tout mignon !!!** 😄 **"** *et sachez qu'avec moi, les coups de pelle partent vite, donc du VEEENT !!! "*

Préparer le jardin de votre voisin, c'est tout simplement faire en sorte que votre chien n'ait pas la possibilité d'y accéder. Un chien, ça fugue. Et lorsqu'il fugue et qu'il se retrouve dans le jardin du voisin, celui-ci n'a pas souvent de bonnes réactions. Sur mon groupe d'éducation positive scientifique, mes membres m'ont donné des retours de leurs voisins, voyez par vous-même :

- " Si je vois votre chien une nouvelle fois dans mon jardin, je le bute ! "

- " La prochaine fois que votre chien arrive dans mon jardin, je le fous à la fourrière ! "

Certains sont même allés jusqu'à placer des pièges à ours au niveau des ouvertures de leur clôture pour attraper le chien. J'ai eu le retour d'une jeune fille à ce sujet ; son chien s'est malheureusement fait attraper très violemment par ce piège. À l'heure actuelle le chien va mieux, bien que traumatisé à vie…

Alors par pitié, clôturez votre jardin le mieux possible. Et vérifiez chaque fin de semaine qu'il n'y ait pas de trous visibles. Il en va de la vie de votre toutou.

Je peux paraître extrême dans mes propos, mais NON ! Les personnes (et voisins) qui n'aiment pas les animaux, il y en a une ribambelle !

LES OBJETS INDISPENSABLES À AVOIR AVANT SON ARRIVÉE

Maintenant que l'environnement intérieur comme extérieur est prêt, il est temps de passer aux objets qui vont venir "décorer" votre maison et votre jardin. Plus que de la déco, les objets dont je vais vous parler sont fonctionnels, vitaux, et importants pour votre chien, son éducation et sa vie chez vous. Ouvrez bien les yeux, c'est la partie la plus importante du livre. Voici la liste complète des objets (et leur descriptif) dont vous aurez besoin, et qu'il est nécessaire d'avoir avant son arrivée.

Je ne vais parler ici que des objets que je conseille, il ne sera pas question d'une liste exhaustive où vous pourrez faire votre choix. Un objet = une nécessité. On y va.

1 – LES INDISPENSABLES POUR LA PROMENADE

Voyons ensemble ce que votre chien se doit d'avoir sur lui lors des promenades pour sa sécurité, votre sécurité, et celle des autres.

LE COLLIER

La base… Si votre toutou n'a pas de collier, vous avez raté votre vie.

Le collier sera :

- Plat (ou normal).

- Ajustable.

- En nylon avec une attache métallique.

- Doté d'une petite boucle pour accueillir une médaille.

Pour être sûr de la viabilité de votre collier, vous pouvez utiliser la règle des deux doigts. Placez deux doigts entre le collier et le cou de votre toutou pour vous assurer qu'il sera à l'aise. Vous n'allez pas attacher la laisse de votre chien au collier.

Le collier aura un but préventif et esthétique. Nous verrons plus loin sur quoi vous pourrez attacher votre loulou d'amour.

LA MÉDAILLE

La médaille sert au cas où votre chien se perd, elle a surtout un rôle préventif. Vous allez attacher la médaille à la boucle (prévue à cet effet) du collier de votre chien, afin de maximiser sa visibilité.

En termes de choix, il y en a pour tous les goûts. Veillez juste à ce que votre médaille soit légère et visible ; optez pour des couleurs telles que l'argent ou l'or.

Ensuite, vous allez devoir la graver au laser. Pour cela, rendez-vous sur Internet et tapez "Médaille gravable pour chiens ". Ce n'est que mon avis personnel ici, mais plus c'est cher, mieux c'est. Que préférez-vous ? Une médaille à 2 €, sur laquelle la gravure disparaît au bout de quelques semaines, ou une médaille à une dizaine d'euros certes, mais qui vous assure une durabilité dans le temps, parfois à vie !?

Comme on dit en créole guadeloupéen : "bon maché ka kouté chè ! ", ce qui signifie grosso-modo que les choses bon marché sur le long terme coûtent très cher, car vous aurez tendance à en acheter souvent à cause d'une faible durabilité dans le temps. Alors, faites-le bon choix, MAINTENANT.

Par contre, je ne vous conseille pas d'écrire le prénom de votre toutou sur la médaille. En effet, si un étranger récupère votre chien et connaît son nom, votre chien aura tendance à lui faire confiance. Limitez-vous à un numéro de téléphone.

La gravure peut ressembler à ceci :

> " Appelez-moi
> au
> 01 02 03 04 05 "

LE HARNAIS

Je ne vais pas y aller par quatre chemins. Optez dès maintenant pour le harnais *TrueLove country*. Je ne dis pas ça pour leur faire de la pub, rien ne rentre dans ma poche dans cette histoire. Mais lorsqu'un produit est bon, testé, prouvé et éprouvé, il faut le dire. Et pour ceux qui se posent la question : oui, un chiot peut porter un harnais, ça ne va pas le déformer, ça ne va pas altérer non plus sa croissance.

Réfléchissons un instant : le harnais est porté uniquement lors des promenades donc, durant une courte période de temps. Si le chien le portait toute la journée, oui, là, il y aurait un problème. Mais durant le temps de la promenade, vous pouvez le lui laisser sans problème. À la différence du collier, le harnais ne génère pas de traumatisme sur le corps du chien, notamment quand il tire, chose que je reproche au collier, qui fait de sérieux dégâts au niveau du cou du chien sur le long terme.

Privilégiez toujours des harnais qui libèrent les épaules. Évitez les harnais ultra-populaires et personnalisables avec une bande stylée sur le côté. Ce genre de harnais que l'on appelle : "harnais en T ", empêchent votre chien de se mouvoir correctement et d'avoir la pleine amplitude de ses mouvements.

Le Truelove a l'avantage d'être réfléchissant la nuit, et d'avoir une fonction anti-traction si le chien tire. La fonction anti-traction est simple : lorsque le chien tire, il se retourne, il n'y a ici aucune contrainte. Le chien se retourne juste vers vous. Une autre attache au niveau de son dos vous permet de le promener en mode normal.

LA LAISSE

Pas de laisse, pas de chocolat ! (pour vous ! 😁) La laisse de votre toutou va vous permettre de le promener de manière quotidienne. Je vous conseille d'opter pour une laisse en corde de nylon de 2 mètres minimum.

Veillez à prendre une laisse avec un mousqueton à l'extrémité finale et une petite poignée pour votre main au début. Évitez les laisses lasso.

La laisse sera exclusivement fixée sur le harnais de votre toutou : soit au niveau de la boucle du dos, soit au niveau de la boucle au milieu du poitrail (mode anti-traction).

LA LONGE

La longe est l'élément qui permet de mixer liberté et sécurité. De 5 à 20 mètres et plus, la longe est un outil indispensable, notamment dans l'apprentissage du rappel. Je vous conseille une longe en nylon de 5, 10, 15, et 20 mètres. Croyez-moi, vous en aurez vite besoin, prenez donc de l'avance.

LE COLLIER LED

Le collier LED a une très grande utilité, notamment lorsqu'il fait nuit. Il permet à votre chien d'être repéré à une distance très éloignée. Pour certains colliers, votre chien peut être visible dans un rayon de plus de 500 mètres.

LE COLLIER GPS

Il y a également sur le marché un petit bijou de technologie qui s'appelle le collier GPS. Ce collier vous permet tout simplement de géolocaliser votre chien si jamais il va trop loin ou s'il se perd. Il vous suffit ensuite (via une application en ligne disponible sur votre smartphone) de le repérer et le récupérer.

LE DOSSARD

Je termine cette série avec le dossard. Vous avez déjà vu les dossards des chiens pour aveugles ? Eh bien c'est la même chose ici.

Si vous avez un jour le besoin de rééduquer votre animal car il est trop stressé en promenade (peur des humains, des chiens ou des autres animaux), si vous avez un dossard indiquant aux passants que votre chien stresse, a peur ou mord rapidement, ils seront plus enclins à éviter de le toucher.

Pour cela, vous devez vous rendre sur des sites spécialisés permettant de personnaliser votre dossard au besoin. Vous pourrez par exemple écrire :

" ATTENTION JE SUIS EN RÉÉDUCATION
ÉVITEZ DE ME TOUCHER, CAR J'AI PEUR "

Cela vous évitera de parler, répéter, réprimander des inconnus ou pire encore, qu'un inconnu se fasse mordre (même si c'est de sa faute !).

2 – LES INDISPENSABLES POUR L'ALIMENTATION

Vous ne pouvez pas y échapper, votre chien doit être correctement alimenté. Mais une nourriture qui se respecte se doit d'être servie dans des objets qui se respectent. Vous n'allez pas manger un plat gastronomique dans des couverts qui n'ont pas été nettoyés depuis 1 à 2 mois ! (Sinon votre plat se rapproche plus de la "gastro" que du "nomique" si vous voyez ce que je veux dire…)

Pour votre chien, c'est pareil. Voyons ensemble les outils dont vous aurez besoin.

LES GAMELLES D'EAU ET DE NOURRITURE

Nous en avions déjà parlé dans la partie : *"AMÉNAGEMENT DU LIEU DES REPAS"* et *"AMÉNAGER LA TERRASSE"*.

Les gamelles d'eau et de nourritures se doivent d'être en inox, antidérapantes, adaptées pour les porte-gamelles, d'une profondeur adaptée à la taille et à la morphologie de votre chien. Ne prenez pas une gamelle trop profonde pour votre chihuahua ou une gamelle trop large pour votre chien ayant les oreilles tombantes : privilégiez les gamelles étroites qui se lavent facilement.

Pour terminer, vos gamelles se devront d'être assez lourdes pour que votre chien ne puisse pas les déplacer ou les renverser lorsqu'il mange.

LE PORTE-GAMELLE

Évitez le plus possible l'écrasement des pattes de votre chien. Cela se produit lorsque le chien se baisse pour manger, car la gamelle est trop basse. Il se met alors dans une position qui fera pression sur ses pattes avant, ce qui provoquera des traumatismes osseux (en plus du dos et des vertèbres). Pour plus de précisions à ce sujet, vous pouvez demander l'avis d'un vétérinaire qui sera plus apte à vous répondre.

Quoi qu'il en soit, je vous conseille d'acquérir très rapidement un porte-gamelles à hauteur ajustable. Comme je le disais dans la partie "**AMÉNAGEMENT *DU LIEU DES REPAS* **", certains porte-gamelles peuvent atteindre une hauteur de 60 cm. Vous pourrez donc l'ajuster en fonction de la race de votre chien. Certains porte-gamelles proposent en complément les 2 gamelles en inox dont je vous parlais précédemment.

Prenez tout de même quelque chose de solide avec un pied en H (beaucoup plus stable et utile pour les chiens qui adorent danser en mangeant) avec un réceptacle solide, pouvant accueillir facilement les gamelles.

LES GAMELLES D'EAU ET DE NOURRITURES POUR L'EXTÉRIEUR

Il est possible que vous prévoyiez de longues randonnées, ou des départs en vacances. Dans ce cas, je vous conseille les gamelles rétractables qui se rangent facilement dans un sac, que vous utiliserez au besoin lors de vos escapades.

Ce sont des gamelles en plastique, mais comme les escapades ne seront pas fréquentes et que l'alimentation ou l'hydratation de votre chien seront sous votre contrôle, vous pouvez vous permettre d'acquérir ce type de gamelle. Veillez tout de même à ce que l'utilisation de ces gamelles soit uniquement sur une courte période de temps.

Pour ce qui est de la hauteur des gamelles, je vous invite à devenir un porte-gamelle ou à trouver un support à la taille de votre chien pour poser les gamelles d'eau et de nourriture. Passez un peu de temps avec votre loulou, notamment lorsque vous allez dans un endroit qu'il ne connaît pas, c'est un très bon moyen de le rassurer.

3 – LES INDISPENSABLES POUR SON CONFORT

Il est question ici de son confort à l'intérieur de la maison, mais également du confort lors des déplacements en voiture. Vous l'aurez compris, nous allons parler de panier, cage, caisse de transport, tout ça, tout ça…

LE PANIER

Les paniers en osier ? ON ÉVITE… Les paniers en plastique ? ON ÉVITE également.

Privilégiez les paniers en tissu, car ils sont beaucoup plus confortables et faciles à laver.

Je vous conseille à 4 000 % de prendre tout de suite un panier taille adulte pour votre chien. À quoi bon prendre un panier pour chiot, en sachant que dans 2 mois, vous allez en acheter un autre car votre toutou aura triplé de volume ? Un chiot grandit vite ! Ne gaspillez pas votre argent et prenez les devants maintenant. De plus, acheter un panier taille adulte lui permettra de grandir dedans, de se familiariser avec, et de l'apprécier encore plus.

LA CAISSE DE TRANSPORT

Comment choisir sa caisse de transport ? Tout va dépendre de la morphologie de votre toutou. Pour pouvoir choisir votre caisse, il est nécessaire de mesurer la taille de votre chien lorsqu'il est debout sur ses 4 pattes.

En effet, votre chien doit avoir la possibilité de pouvoir se mettre debout, de s'asseoir et de se coucher correctement dedans. Il faut qu'il puisse y entrer dans toute sa longueur. Je vous conseille d'essayer la caisse de transport directement en magasin avant tout achat. Faites rentrer votre chien dedans, si vous voyez qu'il est à l'aise, vous pouvez la prendre.

CAISSE OU CAGE DE TRANSPORT ?

Faut-il choisir une caisse de transport ou une cage de transport ? Le débat est ouvert depuis un bon moment, et il n'y a pas vraiment de conclusion à ce sujet… De mon humble avis, la caisse est à privilégier pour les chiens plutôt calmes, et la cage pour les chiens un peu plus agités et destructeurs. Je privilégie la caisse à la cage, car elle a l'avantage de pouvoir limiter la visibilité du chien vis-à-vis du monde extérieur, chose idéale lorsqu'on a un chien craintif en voiture : le fait de ne pas voir ce qui se passe dehors aura tendance à l'apaiser.

Je tiens tout de même à attirer votre attention sur le rôle d'une caisse/cage de transport. Le but de ces outils est de protéger le chien durant les déplacements que vous faites avec lui (notamment chez le vétérinaire) et rien de plus. Il est possible d'utiliser la caisse de transport comme lieu de repos à la maison. Tant que la caisse ou la cage reste ouverte et qu'elle est aménagée correctement avec un petit tapis moelleux, je n'y vois pas d'inconvénient. Ça peut d'ailleurs être un avantage, puisque lorsque vous allez déplacer la caisse avec votre chien, il sera beaucoup plus calme car c'est un endroit qu'il connaît bien.

Cependant, je vous DÉCONSEILLE d'utiliser cette caisse ou cette cage de transport comme un lieu de punition pour votre chien (d'ailleurs en éducation positive scientifique, la punition n'existe pas), ni comme un lieu pour éviter les destructions dans votre maison. Par pitié, ne faites pas la GRAVE ERREUR d'enfermer votre chien dans sa caisse ou sa cage lorsque vous partez ou durant la nuit, c'est cruel !

La caisse et la cage peuvent être au mieux des lieux de repos, même si pour moi, il vaut mieux séparer le lieu de repos et le lieu de transport. Votre loulou a d'un côté son panier à la maison, et de l'autre côté sa caisse pour les déplacements en voiture. En éducation, il est important de faire la part des choses. Je vous conseille donc de faire ainsi.

4 – LES INDISPENSABLES POUR LE JEU

Il y a 2 périodes de jeu. Les périodes avec vous, et les périodes sans vous. Lorsque vous partirez au travail, il est possible que votre chien reste seul, et dans ce cas, il sera nécessaire de l'occuper. Les périodes de jeu sont là pour :

- Renforcer la relation que vous avez avec votre toutou.

- Le dépenser physiquement.

- Le dépenser mentalement.

- Le canaliser.

Voyons ensemble les jouets que je vous conseille d'acquérir avant son arrivée.

LES JOUETS À MÂCHER POUR FAIRE LES DENTS

Une corde solide est un jouet divin dans ce genre de situation. Vous allez vite vous rendre compte qu'un chiot, ça mordille tout : meubles, murs, mains, pieds ! Mais attention : Le jouet en corde ne servira qu'à le faire mordiller, évitez de tirer avec lui dessus pour l'instant, car il est beaucoup trop jeune. Je vous conseille d'acquérir une corde à sa taille et adaptée pour les jeunes chiens, que vous trouverez dans n'importe quelle animalerie digne de ce nom, et que vous lui donnerez, toujours sous un œil avisé.

LE JOUET INTELLIGENT POUR L'OCCUPER LORS DES ABSENCES

Vous pouvez acquérir des jouets intelligents, distributeurs de croquettes, par exemple en échange d'un effort de la part de votre chien. J'apprécie tout particulièrement ce genre de jouets, car ils permettent au chien de se dépenser physiquement et mentalement pour récupérer ses récompenses. Lors de vos absences, vous mettrez le repas de votre chien à l'intérieur de la balle. Vous pourrez l'occuper ainsi un bon petit moment pendant que vous n'êtes pas là, ce qui aura tendance à apaiser son ennui. Il apprendra depuis tout petit à manger ses repas de manière ludique. Tapez sur Internet : "pipolino" ou "balle à friandises" et trouvez votre bonheur.

Veillez à choisir un jouet solide. Je tiens dans l'ensemble de ce livre à vous dire que vous devez mettre le prix dans les objets que vous achetez. Plus la marque est bonne, mieux c'est.

LE JOUET INTELLIGENT POUR L'OCCUPER AVEC VOUS

Ce jouet est à utiliser en votre présence, question de sécurité. Ce jouet est simple d'utilisation, plusieurs petites plateformes cachent des friandises. Le but est que le chien puisse retirer les plateformes de manière méthodique afin de récupérer les friandises. Il y a pour ce genre de jouet plusieurs niveaux de difficulté (on entraîne le mental du chien). Vous rendez votre chien plus intelligent, tout en le dépensant mentalement ; et on le sait, la dépense mentale est tout aussi efficace que la dépense physique.

LES JOUETS EN EXTÉRIEUR

En fonction de ce qu'apprécie votre chien, une balle ou un frisbee est parfait. Ce jouet viendra compléter la promenade, et vous pourrez y jouer à n'importe quel moment. Encadrez toujours les jeux de lancer en vous assurant d'une part, que votre chien ne poursuit pas d'autres espèces animales (instinct de prédation) car si c'est le cas, vous ne pourrez pas jouer avec lui à ce type de jeu. Et d'autre part en lui apprenant à se contrôler avant de jouer. Plus vous contrôlez son comportement (et surtout son excitation), et mieux le jeu se passera. Agrémentez les jeux de lancer avec des ordres d'auto-contrôle : pas bouger, stop, va chercher, donne, pour maximiser vos résultats. Évitez que ce jeu se résume à un simple lancer de balle ou de frisbee car ça risque d'être contre productif. Le maître-mot reste : équilibre.

LES MISES EN GARDE

Lorsque vous donnez un jouet à votre chien, veillez toujours à ce qu'il ne soit pas destructeur. Si c'est le cas, vous ne pourrez pas laisser à sa disposition des jouets lors de vos absences. Pour son alimentation, vous pourrez alors à la place du pipolino, éparpiller son repas un peu partout dans la pièce, pour qu'il puisse le chercher. Les moments de jeu devront toujours être supervisés. Il vaut mieux prévenir que guérir.

Dans la même lignée, même si votre chien n'est pas destructeur, ne le laissez jamais seul lorsqu'il joue avec un jouet en corde ou un jouet qui se détache facilement. Surveillez l'évolution du jouet dans le temps afin de détecter toute détérioration.

Privilégiez toujours des jouets non toxiques, durables et de qualité. Vous devez trouver le bon compromis entre solidité et flexibilité pour à la fois permettre à votre chien de faire ses dents dessus sans qu'il ne se fasse mal.

5 – LES INDISPENSABLES POUR L'HYGIÈNE

L'hygiène de votre chien est très importante. Elle a pour but de préserver sa santé et son bien-être, et puis on ne va pas se mentir, un toutou propre est toujours plus agréable qu'un toutou qui n'a pas été lavé depuis des mois !

Certains disent qu'il faut laver son chien une fois par mois ou une fois tous les 2 ou 3 mois. Tout va dépendre ici de la race de votre chien. Mais comme vous l'avez compris, on ne lave pas son chien comme on change de slip ! Tout simplement parce que le laver trop souvent risque à terme de lui causer des problèmes dermatologiques.

Bien sûr, si lors d'une balade en forêt, il s'est roulé dans des bouses de vache par exemple, vous serez obligé de le laver, mais mis à part cette situation, évitez le plus possible d'abuser de la douche avec lui. Voyons maintenant les objets indispensables dont vous aurez besoin.

LE SHAMPOOING POUR CHIENS

Le choix du shampooing doit se baser sur la longueur et le type de poils de votre chien : poils courts ? Poils longs ? Poils durs ? Lorsque vous aurez déterminé son type de poils, demandez-vous s'il a une peau sensible ; dans ce cas, vous choisirez un shampooing hypoallergénique.

Il y a plusieurs types de shampooings (sans rinçage, pour peau sensible) en fonction du type de peau de votre chien et de la longueur de son poil. Un shampooing peut également avoir un objectif spécifique (anti-puces, lutter contre les démangeaisons, éliminer les mauvaises odeurs, désinfecter la peau, etc.)

Un conseil d'ami : fiez-vous dès maintenant à des professionnels. Prenez rendez-vous chez votre toiletteur et posez-lui la question :

"Quel shampooing devrais-je acheter pour mon chien ?"

Puis notez tout sur une feuille et passez à l'action !

BROSSE POUR CHIENS

La brosse est également un indispensable de l'hygiène, vous en aurez besoin pour nettoyer votre chien correctement. Je pourrais faire une liste des brosses qui existent et de leurs fonctions vis-à-vis de la longueur du poil de votre chien, mais ce serait surcharger le livre. Le meilleur conseil que je puisse vous donner ici est également de demander conseils à votre toiletteur.

BROSSE À DENTS ET DENTIFRICE POUR CHIENS

Ce n'est un secret pour personne, l'hygiène dentaire est très importante chez les chiens, que ce soit pour éviter la mauvaise haleine ou pour prévenir du tartre. Ici c'est votre vétérinaire qui va pouvoir vous aider dans le choix de la bonne brosse à dents, mais également dans le choix du bon dentifrice.

LE COUPE-GRIFFES

Lorsque vous avez les ongles trop longs, c'est gênant n'est-ce pas ? Il en est de même pour votre chien. Achetez dès maintenant un coupe-griffes pour pouvoir entretenir ses griffes. L'avis de votre toiletteur sera d'une grande aide dans la manière de couper les griffes de votre toutou. En effet, lorsque les griffes de votre chien sont blanches, il est plus facile de les couper à la bonne taille sans toucher le nerf. Mais lorsque les griffes sont noires, ça devient beaucoup plus compliqué. Lorsque vous coupez trop profondément, vous allez toucher le nerf, ce qui blessera votre chien. Faites donc très attention et respectez les recommandations de votre professionnel.

L'INDISPENSABLE POUR LES FRILEUX

Si vous avez un petit chien à poils ras, il aura tendance à avoir froid rapidement en hiver. Pensez donc à votre loulou avant de sortir en promenade, ça ne sera pas vraiment agréable pour lui de sortir sous un 0° C. Prévoyez un manteau pour chiens que vous pourrez lui mettre, et qui va lui permettre de se réchauffer.

Ici, rien de très spécial, privilégiez encore une fois la qualité. Tapez sur Google "manteau pour chiens", choisissez votre manteau et prenez bien les mesures ! Vous n'aurez pas à vous en faire, la marque vous indiquera la marche à suivre pour pouvoir prendre les bonnes mesures, vous n'avez plus qu'à vous laisser guider et le tour est joué !

PRÉPAREZ SA NOURRITURE, SON EAU, SES FRIANDISES

Vous êtes ce que vous mangez. Il en est de même pour votre chien. La nourriture impacte la santé de votre chien, santé qui à son tour, va influer sur sa psychologie. Un chien qui mange correctement est un chien qui est en forme et beaucoup plus apte à vous écouter et à être éduqué. Prenez ceci comme acquis : **l'éducation passe par une bonne nutrition. Notamment chez les chiots.**

1 – LA NOURRITURE

Ici, il n'y a pas de question à se poser sur le choix de la nourriture. Durant les 1er jours, votre chien devra continuer à manger les croquettes de l'éleveur. Il est donc nécessaire de demander où acheter, une ration équivalente à au moins un mois de croquettes auprès de votre éleveur. S'il ne peut pas vous en fournir, demandez-lui la marque des croquettes. Lorsque vous voudrez changer de marque pour passer à une marque premium ou une alimentation crue (Barf ou Raw-feeding), vous devrez faire une transition alimentaire. Je vous montrerai avec précision comment faire ceci dans le tome 3.

2 – L'EAU

L'eau est la seule boisson que votre chien peut boire, il n'y en pas d'autre. Par pitié, évitez de lui donner du lait !

Il y a un débat actuellement sur le choix du "type" d'eau : faut-il donner de l'eau du robinet ou de l'eau en bouteille ?

L'EAU DU ROBINET

L'eau du robinet est très calcaire. Il est donc nécessaire de la filtrer avant de la donner à votre chien. Pour cela, vous pouvez utiliser une carafe d'eau filtrante, qui permet d'éliminer les éléments néfastes pour votre chien, l'eau sera ainsi beaucoup plus pure.

L'EAU EN BOUTEILLE

Les eaux en bouteille ne sont pas toutes bonnes pour votre chien. En effet, l'eau avec un fort taux en minéraux est à proscrire. Privilégiez une eau de source avec le moins de minéraux possible.

EAU DU ROBINET FILTRÉE OU EAU EN BOUTEILLE ?

Vous allez changer l'eau de votre chien tous les 2 jours. Si vous avez un petit chien, vous pouvez vous orienter vers de l'eau de source en bouteille, mais si vous avez un gros chien, le budget peut très vite monter. Le bon compromis reste donc l'eau du robinet filtrée avec une carafe d'eau filtrante.

3 – LES FRIANDISES ÉDUCATIVES

Pour le choix des friandises, privilégiez les friandises sans matière grasse et évitez celles trop caloriques et fortes en glucide pour éviter la prise de poids. Il y a actuellement sur le marché des friandises premium adaptées à l'éducation canine, que vous pouvez retrouver en animalerie ou chez votre vétérinaire. Évitez celles disponibles en super-marché.

Privilégiez également des friandises à mâcher, qui vont lutter activement contre le tartre.

Si vous avez un petit chien, je vous conseille, lorsque vous prenez ces friandises, de les casser en 2. Vous en aurez plusieurs à lui donner pour l'éducation. Si vous avez un gros chien, vous pourrez lui donner une friandise entière.

L'un comme l'autre, il est nécessaire de toujours déduire de sa ration quotidienne les friandises que vous lui avez données pour éviter qu'il prenne du poids…

PRÉPARER VOTRE ENTOURAGE

Votre entourage va énormément influencer l'avenir de votre chiot. Il est donc très important que je fasse un petit briefing à ce sujet.

1 – SE DÉBARRASSER DES PERSONNES NÉFASTES

Dès maintenant, prenez une feuille de papier et listez les personnes que vous connaissez et qui n'aiment pas les chiens. Sérieusement, j'ai des retours tous les jours de personnes qui viennent me dire que untel ou untel n'aime pas son chien. Mais pourquoi fréquenter cette personne ? Plus généralement, quel est l'intérêt de fréquenter une personne qui déteste les animaux à en mourir ?! Ne perdez pas votre temps avec ce genre de personnes, car ils ne veulent qu'une seule chose, que vous vous en débarrassiez !

Vous allez alors me dire : "mais Irvin, la personne dont tu parles c'est mon père !" Et alors ? Clairement, si votre père n'aime pas les animaux, continuez à lui parler et à être tranquille avec lui, mais évitez de lui parler de votre animal, et par-dessus tout, évitez d'emmener votre loulou chez lui. Au moins comme ça, vous êtes sûr que tout se passera bien. Un chien détecte les mauvaises intentions d'un individu à distance.

Évitez de traumatiser votre chien en le laissant avec les mauvaises personnes (en sachant qu'elles pousseront votre toutou à la faute) et privilégiez plutôt des fréquentations saines et positives pour lui. Posez ce livre et commencez à lister les personnes qui n'aiment les chiens. Puis si vous en avez la possibilité, coupez court à la relation, limitez-la, ou surveillez ces personnes (notamment vos voisins !!!).

2 – PRÉPARER POSITIVEMENT VOTRE ENTOURAGE

Pour ce qui est du reste de vos proches, amis, collègues, etc., avertissez-les tout simplement qu'un chien va rejoindre la famille. Cependant, veillez à les briefer sur le fait qu'un chien est un animal doté d'émotions et possède donc (tout comme les humains, à l'égal des humains, voire plus que les humains) : des droits !

De ce fait, un chien n'est pas une peluche, un chien peut en avoir marre, on n'aborde pas un chien n'importe comment, et on demande **toujours** la permission à un chien pour l'approcher !

Lorsque votre chiot va arriver au sein du foyer familial, veillez à ce que vos proches ne l'embêtent pas trop, il vient de vivre une expérience difficile : il a quitté sa mère, ses frères et ses sœurs du jour au lendemain. Il est donc nécessaire de le laisser tranquille au moins les premiers jours.

Si vous voulez le caresser, évitez de le faire lorsqu'il est dans son panier, préférez l'appeler directement et lorsqu'il vient, laissez-le vous sentir. Puis caressez-le en bas du visage, évitez le museau, le derrière des oreilles ou le dessus de la tête pour l'instant.

3 – BRIEFER VOS ENFANTS

Lorsque j'aide les personnes que je coache, il y a un point qui revient souvent : les enfants. Les enfants sont souvent dans l'incapacité de pouvoir comprendre un chien. Ils sautent, crient, secouent, se couchent, touchent de partout le chien sans son autorisation. Résultat ? Le chien va mordre tôt ou tard, car il en aura marre. Alors, le réflexe de beaucoup sera de frapper le chien, ou de l'isoler, voire même de l'euthanasier directement. Ce n'est véritablement pas la bonne approche, car **la seule personne en tort ici : c'est VOUS !**

VOUS, car vous n'avez pas été capable de sensibiliser votre enfant en lui apprenant les bonnes manières à l'approche d'un animal. De ce fait, briefez correctement votre enfant pour éviter toute mauvaise surprise !

Vous pouvez lui dire par exemple qu'un chien est un être vivant, tout comme lui, qu'il a besoin de calme (notamment lorsqu'il est chiot) et qu'il est donc nécessaire de lui laisser sa propre zone de confort. Vous pouvez également lui dire que s'il veut toucher le chien, il faut y aller doucement, ne jamais être brusque et s'arrêter dès que le chien le décide.

Enfin, briefez votre enfant sur les signaux de mise en garde : si le chien commence à grogner, ça ne veut pas dire qu'il est agressif mais qu'il est mal à l'aise. En effet, un chien qui grogne montre son inconfort, et voudrait que cette situation s'arrête. Ainsi dès qu'un chien grogne, il faut le laisser tranquille.

4 – BRIEFER LES INCONNUS

Les dernières personnes à briefer sont les inconnus que vous allez croiser en promenade ! En un mot ? UN ENFER !

Les inconnus sont souvent des personnes qui adorent les chiens (c'est bien !) mais qui ont la fâcheuse tendance à caresser votre chien sans vous demander l'autorisation, ni celle de votre toutou ! En plus, ils ne savent même pas caresser un chien correctement… Ensuite ? Lorsqu'ils se font mordre, ils osent dire que le chien est agressif, et qu'il faut l'euthanasier…

Permettez-moi de m'adresser à ces inconnus : *"c'est bien fait pour vous si les braves toutous de mes lecteurs vous ont mordu ! Apprenez à approcher et respecter un chien correctement avant de courir voir la police municipale !!!!"*

N'hésitez pas à dire à ces inconnus d'éviter de toucher votre chien. Au pire, MENTEZ ! Vous n'avez qu'à dire qu'il a des problèmes de comportement, qu'il mord les gens, et qu'il est agressif. Le but est le bien-être de votre toutou, et vous n'avez pas besoin des traces de mains de personnes que vous ne connaissez même pas sur votre magnifique chien.

SE PRÉPARER

Vous avez préparé la maison, le jardin, la nourriture, votre entourage, absolument TOUT ! Mais il manque l'élément le plus important : VOUS !

Eh oui, si le référent n'est pas prêt, quel est l'intérêt de faire tout ça ? Car la personne qui va relier votre chien avec le reste de son environnement, c'est vous. Il est donc très important de vous préparer. Et pas seulement sur le plan psychologique.

1 – UN CHIEN ? C'EST UN BUDGET

Permettez-moi de vous dire quelque chose : dès lors que vous avez entre vos mains un être vivant, c'est une lourde responsabilité qui nécessite du temps, de l'argent, de l'investissement et des sacrifices.

Un chien, c'est comme un enfant, vous devrez être très patient au niveau de son éducation et de sa bonne intégration au sein de son nouvel environnement. En avoir conscience avant de l'acquérir, c'est éviter les mauvaises surprises.

LE BUDGET VÉTÉRINAIRE

Lorsque vous allez acquérir votre chiot, il aura 2 mois. Ce qui signifie que la primo-vaccination, l'identification et le puçage sont normalement faits. Si vous avez un doute, demandez à votre éleveur ou à votre refuge.

Ensuite, dès l'acquisition de votre chiot, vous devrez compter environ 65 € pour le rappel de vaccin (1 mois après), environs 20 € pour le vermifuge (jusqu'à ses 6 mois), et entre 220 et 350 € pour sa castration/stérilisation en fonction de son sexe (au moment de la puberté).

En sachant que généralement, le prix de la consultation est inclus dans le rappel de vaccin (sinon, comptez 40 € en moyenne pour une consultation de routine), vous arrivez à un total d'environ **305 € la 1ère année si c'est un mâle** et **435 € si c'est une femelle.**

Pour la seconde année, vous pourrez diviser (sauf cas exceptionnel) le budget vétérinaire de moitié, voire plus. Vous n'aurez que le rappel des vaccins à faire (1 fois par an) pour 65 €.

En règle générale, le budget vétérinaire va suivre une sorte de courbe budgétaire. Plus élevée durant la 1ère année de vie de votre chien, diminuant significativement de 1 à 10 ans (hors imprévus), puis augmentant à nouveau vers la fin de vie de votre chien. Logique, car votre chien va vieillir et sera plus sujet à des petits problèmes de santé (mineurs ou majeurs) : il faut en avoir conscience, c'est comme pour nous les humains.

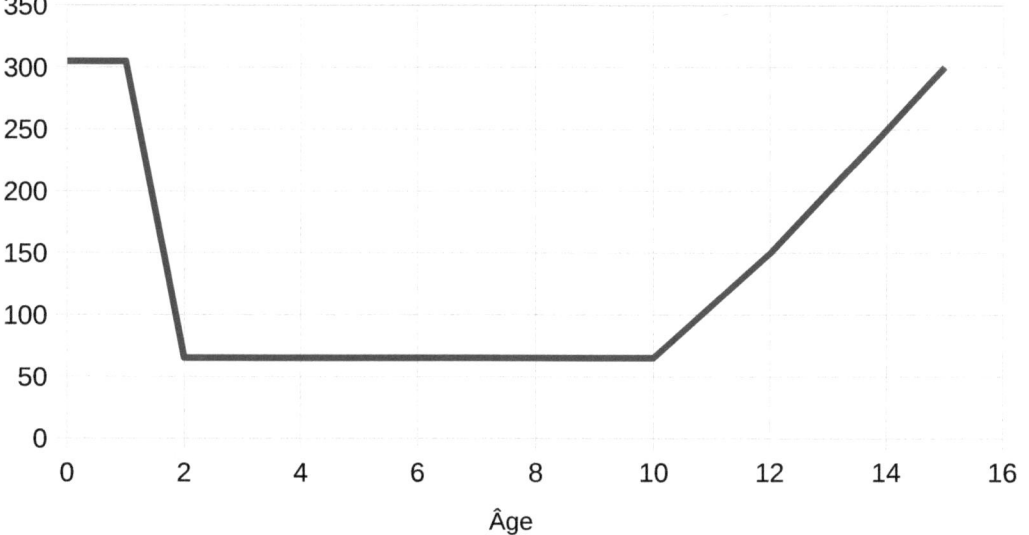

L'ASSURANCE POUR CHIENS

Vous pouvez opter pour une assurance pour chiens si vous le souhaitez, il en existe plusieurs et elles remboursent un certain pourcentage des frais vétérinaires. Le fait est qu'elle est (de mon humble avis) totalement inutile si votre chien ne se blesse pas ou est en bonne santé. Elle sera beaucoup plus utile dans le cas où vous avez un chien casse-cou, ayant des problèmes de santé, ou commençant à se faire vieux.

L'ÉPARGNE IMPRÉVUE

Si vous avez un chien jeune et vigoureux qui croque la vie à pleines dents, mettre de l'argent de côté "au cas où" est l'une des meilleures assurances. Si vous le pouvez, mettez 50 € de côté chaque mois pour lui. À la fin de l'année, vous arriverez à plus de 600 €. En cas de coup dur, cet argent sera disponible et vous en serez bien heureux.

LE BUDGET JOUETS

Je sais ce que vous pensez. Vous vous dites que votre toutou aura tous les jouets possibles et imaginables du monde. Oui mais non... J'ai déjà fait un petit briefing là-dessus. Je veux que vos dépenses jouet soient réfléchies. Votre chien doit utiliser l'ensemble de ses jouets. De ce fait, vous n'avez pas vraiment besoin d'acheter chaque mois 40 jouets pour votre chien alors qu'il ne va jouer qu'avec 1 ou 2... Parfois même, votre chien préférera jouer avec une bouteille usée qu'avec votre super jouet qui fait des lumières à 45 € !

Le budget jouet est parfois un gouffre financier, car il y a trop d'excès à ce niveau. Je vous demande de gérer votre argent intelligemment. Si vous souhaitez mettre de l'argent quelque part, mettez-le dans l'épargne pour les imprévus ou dans une alimentation premium.

Il n'y a pas vraiment de budget pour les jouets. Si un jouet à 30 € occupe votre chien, alors prenez-le. Si au final, c'est un jouet à 5 € qui l'occupe, alors prenez plutôt celui à 5 €. Comme vous le voyez, le prix ici importe peu, ce que je veux, c'est qu'il joue avec ce que vous lui donnez.

BUDGET TOILETTAGE

Pour ce qui est du toilettage il sera difficile pour moi de vous donner un prix fixe. Tout va dépendre de la race du chien, de son poids et de ce que vous voulez faire.

Une fourchette de prix raisonnable pourrait se situer entre 30 et 120 € environ.

Par exemple, le prix pour le toilettage d'un grand chien à poils longs ne sera pas le même que pour un petit chien à poil ras...

De ce fait, je vous conseille ici de prendre votre téléphone et de contacter votre toiletteur, afin de demander le tarif pour entretenir votre chien correctement.

LA SÉLECTION DU VÉTÉRINAIRE ET DU TOILETTEUR

Pour l'un comme pour l'autre, choisissez un vétérinaire et un toiletteur ayant pignon sur rue. Encore une fois, le maître mot ici est : qualité. Alors, vous me direz que souvent la qualité, c'est le prix, et je vous répondrai : OUI !

Mais que préférez-vous ? Avoir une prestation de qualité ou un travail bâclé qui risque de détériorer la santé de votre chien ?

Choisir un vétérinaire et un toiletteur réputés préservera la santé de votre chien sur tous les aspects, et ça se ressentira également sur l'éducation que vous pourrez lui donner.

Pour cela, il vous suffit de taper sur Google : "toiletteur" ou "vétérinaire" suivi du nom de votre ville, puis de faire un tri parmi ceux qui sont les mieux notés. Prenez les 3 premiers.

Dès que c'est fait, allez directement les voir et analysez la propreté des locaux et l'accueil. Ça ne sert à rien d'aller voir un vétérinaire désagréable… De même pour les toiletteurs. Si l'accueil et l'hygiène suivent, renseignez-vous ensuite sur les prix.

Vous pourrez faire une comparaison des prix parmi les meilleurs de votre région à la fin de votre analyse.

Soyons d'accord, lorsque je vous dis de payer le prix pour de la qualité, il faut que le prix soit proportionnel à la qualité du service rendu. Ne payez pas excessivement cher non plus ! Il faut trouver le juste milieu.

LE BUDGET NOURRITURE

Le budget nourriture sera une très grosse part de votre investissement financier. Ce qu'il faut comprendre ici, tout comme pour le toilettage, c'est que le budget nourriture va dépendre de la race, du poids et de l'âge de votre chien. En effet, la nourriture diffère d'une marque à l'autre.

Évitez les croquettes de super-marché et privilégiez plutôt les croquettes sans céréales. Mais ayez bien conscience que l'alimentation diffère également d'un chien à l'autre en fonction de son activité physique et de son état de santé général.

Quoi qu'il en soit, vous pouvez compter une moyenne de 50 € voire plus par mois. Mais encore une fois, c'est une moyenne et ça ne reflète pas la réalité. Tout va dépendre du chien que vous allez avoir.

2 – ORGANISER SON EMPLOI DU TEMPS

Comme je le dis souvent aux centaines de personne que je coache, le plus important avant d'adopter un chien, c'est de s'assurer d'avoir le budget et le temps pour s'en occuper. Un chien n'est pas un objet. Vous devez donc remanier votre emploi du temps pour vous adapter à lui.

Tout va dépendre de la race, mais le plus gros de votre emploi du temps sera consacré aux promenades. Lorsque vous avez un chiot, vous pouvez compter des petites promenades de 10 – 15 minutes jusqu'à ses 3 mois. Puis de 20 – 30 minutes de 3 à 6 mois, et enfin un minimum de 1 heure au-delà.

Mais là encore, c'est une généralité. Pourquoi ? La dépense physique d'un border collie n'est pas la même que celle d'un Shih tzu par exemple. Et là encore, au sein d'une même race, un chien aura besoin de plus de dépense physique qu'un autre. Par exemple, deux bergers allemands ne sont pas obligés d'avoir les mêmes besoins physiques.

Il est donc important de s'adapter à votre chien, à son caractère et à sa génétique pour pouvoir au mieux adapter le temps des promenades. D'expérience, je sais que les chiens ne se dépensent pas suffisamment ! Ce qui, à terme, entraîne de nombreux problèmes éducatifs lié à un excès d'énergie !

Par exemple, une promenade de 2 heures pour un border collie, ce n'est pas suffisant ! Et là, on parle de promenades quotidiennes ! Cela étant dû à la génétique du border qui est un chien de berger.

Posez ce livre et renseignez-vous dès maintenant sur la race que vous allez acquérir. Puis, avec l'aide d'une feuille et d'un stylo, établissez votre emploi du temps en conséquence. C'est ici que vous devrez faire des sacrifices !

L'EMPLOI DU TEMPS LORSQUE VOTRE CHIEN ARRIVE

Prévoyez au minimum une bonne semaine de congé pour bien accueillir votre chiot. Nous verrons dans le tome 2 comment mettre tout cela en place. Ce qu'il faut comprendre, c'est qu'à cet âge, votre toutou n'arrive pas à se retenir. Il sera nécessaire de le sortir toutes les 2 heures minimum. Notez-le dans votre emploi du temps. L'apprentissage de la propreté est l'un des points les plus importants et les plus compliqués, tout simplement parce que les gens ne savent pas comment s'y prendre correctement. En réalité, ils négligent beaucoup cette partie malheureusement…

Partez sur une bonne base et soyez patient ! La 1ère semaine, votre chien vous prendra la majeure partie de votre temps pour la gestion de la propreté, les promenades, et les séances de jeu.

LES SÉANCES DE JEU

Prévoyez des petites séances de jeux de 10 à 15 minutes à la maison, le soir, avant qu'il aille dormir. Vous aurez également des séances de jeu qui seront directement intégrées aux promenades. Par exemple, sur 15 minutes de promenade, vous pouvez faire 5 à 10 minutes de jeu ! Établir des séances de jeu va permettre à votre chien de savoir les moments où il peut jouer et ceux où il ne peut pas. Vous pourrez ainsi le canaliser et éviter ce que nous humains, appelons des "bêtises". N'hésitez pas au besoin à augmenter les temps que je viens de vous donner, c'est une base théorique à adapter en fonction du caractère et de la race de votre chien.

LES CONSULTATIONS ET IMPRÉVUES CHEZ LE VÉTÉRINAIRE

Ayez conscience que s'il arrive quelque chose à votre chien, vous devez être dans la capacité de vous libérer afin de l'emmener le plus rapidement possible chez votre vétérinaire. Vous devez avoir à l'esprit que cette situation peut se produire la journée pendant que vous travaillez comme le soir ou à 3 h du matin ! Je ne vous le souhaite pas, mais je veux que vous l'ayez en tête. Il vaut mieux prévenir que guérir.

Pour ce qui est des consultations, vous devrez bloquer dans votre agenda un créneau pour :

- les consultations de routine.

- le rappel des vaccins.

- la stérilisation.

- les autres besoins nécessitant l'intervention d'un vétérinaire.

3 – PRÉPARER SA TROUSSE DE PREMIER SECOURS

On n'y pense pas souvent, mais lorsque vous serez en promenade ou en voyage avec votre chien, s'il lui arrive quelque chose, que faites-vous ?

Vous allez me dire :

"Bah, on l'emmène chez le vétérinaire !"

Et si vous en avez pas la possibilité ?

Il est donc nécessaire d'avoir avec vous une trousse de premier secours, uniquement dédiée à votre chien. Vous pouvez directement la commander sur Internet ou la faire vous-même.

Cette trousse doit contenir :

- Le carnet de santé de votre chien.
- Une liste des adresses et numéros de téléphone de votre vétérinaire ou services d'urgences vétérinaires de votre ville et du lieu de vos vacances.
- Des lingettes désinfectantes.
- Des pansements.
- Une pince à épiler.
- Une paire de gant stériles.
- Un tire-tiques.
- Du sparadrap.
- Du coton et des compresses stériles.
- des bandages.
- Des pipettes doseuses (afin de rincer la plaie).
- une muselière (pour éviter que votre chien vous morde à cause de la souffrance).
- une paire de ciseaux.
- une couverture de survie adaptée à votre chien.
- des petites dosettes de bétadine pour désinfecter.
- un thermomètre pour prendre sa température.
- une attelle adaptée à votre chien en cas de fracture.
- une chaussette adaptée pour les chiens.
- des dosettes de sérum physiologiques pour les yeux.
- Un coupe-griffes.
- Un spray brumisateur (en cas de fortes chaleurs).
- Du sérum physiologique pour le nettoyage de ses yeux.
- Une lotion auriculaire pour le nettoyage de ses oreilles.

Tout cela peut paraître excessif, mais croyez-moi, vous partirez beaucoup plus sereinement en promenade ou en vacances avec votre chien, car vous saurez que vous pourrez réagir correctement s'il lui arrive quelque chose. Quand il s'agit de la santé de son chien, je vous conseille de **toujours en faire trop que pas assez.**

Pour les documents administratifs, n'oubliez pas de faire plusieurs copies au cas où.

4 – SE PRÉPARER PERSONNELLEMENT

Le meilleur pour la fin : VOUS ! Comme j'aime bien le dire, vous êtes le référent affectif de votre chien. Ce qui signifie que votre chien se réfère à vous pour tout. C'est une grande responsabilité.

La 1ère chose que je peux vous conseiller, c'est de ne pas adopter la politique du : "faites ce que je dis, pas ce que je fais" avec votre entourage. Lorsque vous dites à votre entourage de ne pas trop toucher votre chien et de respecter son espace de vie, vous devez faire de même.

Ne le câlinez pas trop non plus ! Vous devez trouver le juste milieu pour éviter qu'il ne souffre d'hyper attachement lorsqu'il grandira. Laissez-le prendre ses marques et gagner en indépendance. Vous verrez qu'il vous remerciera (notamment lorsqu'il restera seul à la maison).

Au niveau émotionnel, vous devez apprendre à gérer vos émotions. Lorsque je parle de "référent affectif", cela signifie que votre chien se réfère à vous sur le plan émotionnel. Il ressent vos différents états émotionnels, bien plus que vous ne pouvez l'imaginer. Si vous êtes triste, il le sait. De même si vous êtes joyeux ou si vous avez peur. Comme le chien fonctionne beaucoup par mimétisme, il va vous copier. Faites donc bien attention à toujours garder une attitude calme et sereine en sa présence. Concentrez-vous sur votre respiration lorsque vous commencez à stresser.

CHAPITRE 2 – LE JOUR J : FAITES RONFLER LES MOTEURS, GPS DESTINATION TOUTOU !

INTRODUCTION

"Les 3 inconnus vont chercher Samy. Une nouvelle page commence… Mais à quel prix ?"

N'ALLEZ PAS CHERCHER VOTRE CHIOT SEUL, SOYEZ ACCOMPAGNÉ !

Lorsque vous allez chercher votre chiot, il faut quelqu'un à l'arrière afin de le rassurer. Ne le laissez pas seul dans un endroit aussi hostile (pour lui) qu'une voiture. Surtout en sachant que c'est la première fois qu'il rentre dans un tel engin. Il est nécessaire de gagner des points en lui montrant votre soutien dans cette période difficile. Votre simple présence est un gage de confiance pour lui, il commence alors à se familiariser avec vous.

Il est important que ce soit le référent affectif qui soit à l'arrière. Je vous invite donc à trouver un chauffeur.

LA PRÉPARATION DE LA VOITURE

Une voiture est un lieu dangereux, et si les ceintures de sécurité existent pour les humains, qu'en est-il pour les chiens ?

N'hésitez pas à vous référer à la partie *"**LES INDISPENSABLES POUR SON CONFORT**"* où je parle de la caisse de transport. C'est le minimum à avoir pour les déplacements. Il existe un autre élément intéressant qui lui donne plus de liberté : la housse de siège pour chiens.

Vous pouvez facilement la trouver sur Internet, c'est une grande housse qui va prendre tout l'arrière de la voiture, protégeant ainsi votre chien en cas de choc. Le chien pourra se déplacer tranquillement à l'arrière sans risque d'être projeté vers l'avant en cas d'accident.

Dans la même tendance, vous avez également la possibilité d'aménager des grilles de protection ajustables à l'arrière de votre voiture, ce qui sécurise l'intérieur du véhicule pour éviter tout accident. Tapez sur Google : "Housse de protection de voiture pour chiens" et "Grilles de séparation ajustables de voiture pour chiens" et trouvez votre bonheur.

N'oubliez pas de prévoir également une petite couverture au cas où il vomirait ou s'il fait ses besoins, il ne faut pas oublier qu'à cet âge, il n'arrive pas à se retenir très longtemps.

Enfin, n'hésitez pas à choisir de la musique douce. La musique, ce sont des vibrations. Le chien est extrêmement sensible aux vibrations, et le fait d'entendre une musique douce dans la voiture aura tendance à l'apaiser durant le trajet.

Vous pouvez également lui mettre à disposition une petite toile avec votre odeur (pour qu'il puisse s'y habituer) ou un doudou, que ce soit dans sa caisse/cage ou dans sa housse de protection, à vous de choisir.

CE QUE VOUS DEVEZ FAIRE DÈS L'ARRIVÉE CHEZ L'ÉLEVEUR

La 1ère chose que vous devez faire : repérer votre toutou. La 2ème chose, observer si tout va bien à son niveau, s'il est en bonne santé, et bien sur ses pattes. N'hésitez pas à aller le voir, le toucher, le caresser, mais surtout à le tester.

Lorsque je parle de tester votre chien, c'est pour voir s'il n'a pas peur de vous. Pour cela, il suffit de taper un peu dans vos mains (pas trop fort) et de voir s'il a un mouvement de recul. S'il court à l'opposé mais revient aussitôt ou qu'il ne réagit pas, c'est bon signe. Si par contre, il est tétanisé de peur et qu'il ne revient pas du tout, il y a quelque chose qui cloche.

Ensuite, n'oubliez pas de demander à votre éleveur (ou votre refuge) s'il y a des choses que vous devez savoir. Puis veillez à ce qu'il vous fournisse le **certificat vétérinaire de bonne santé de votre chien.**

Vous pouvez également lui demander quelques croquettes et une petite couverture. Ramenez votre caisse de transport, et c'est parti pour une nouvelle aventure !

LE RETOUR AVEC VOTRE CHIOT À LA MAISON

Sur la route (notamment si le trajet est long), je conseille à la personne qui va conduire de rouler doucement. C'est encore un chiot. Prenez votre temps ! En complément, n'hésitez pas à lui parler avec une voix positive afin de le rassurer, pour qu'il puisse assimiler son environnement à quelque chose de positif pour lui. En règle générale, votre toutou va dormir durant le trajet, mais si vous le sentez un peu agité et qu'il vomit, prévoyez (comme vu plus haut) une petite toile pour éviter de salir la voiture tout en veillant que tout se passe bien pour lui.

1 – LORS DE L'ARRIVÉE À LA MAISON

Lorsque vous arrivez chez vous, il est nécessaire de le faire descendre doucement (en le laissant pour l'instant dans sa caisse/cage) tout en le félicitant avec une voix positive. Du moment où vous sortez de la voiture jusqu'au niveau de votre porte d'entrée, n'hésitez pas à lui parler et à lui faire une petite visite guidée (mais rapide) de l'extérieur. Puis rentrez dans votre maison, déposez la caisse ou la cage, et enfin ouvrez-la.

2 – PRENEZ UNE PETITE PHOTO

Le fait de prendre une photo de votre loulou va vous permettre d'officialiser sa nouvelle vie. Vous pourrez le voir évoluer et vous aurez cette réaction classique dans quelque temps : "whaouuuu il a grandi tellement vite ! ". Vous serez stupéfait de voir comment un chiot grandit si vite en l'espace de si peu de temps.

CHAPITRE 3 – L'ÉDUCATION COMMENCE ICI

INTRODUCTION

" Samy se rend vite compte que l'endroit hostile, gigantesque et froid à ses yeux commence à se remplir d'amour et de bienveillance, ce n'est plus une page qui se tourne mais un nouveau livre qui commence. En espérant que ce livre soit très coloré et vivant."

LA PROCHAINE ÉTAPE ?

Dès que votre chien est officiellement dans votre famille, l'éducation commence. Et c'est le début d'une course contre la montre. La 1ère chose à faire est de le conditionner positivement à tout ce qui est nouveau pour lui. Et ça, nous verrons comment le faire en détail dans le tome 2.

TABLE DE MATIÈRES

COMMENT ACCUEILLIR SON CHIOT..........................3
  CHAPITRE 1 – TOP DÉPART : LES PRÉPARER, VOUS PRÉPARER, TOUT PRÉPARER !......................11
    INTRODUCTION..11
    PRÉPARER VOTRE MAISON...........................11
      1 – LISTER LES PIÈCES/ZONES AUTORISÉES ET INTERDITES..12
      2 – DÉTERMINER ET DÉLIMITER VOS PIÈCES ET VOS ZONES.....................................14
        DÉLIMITER LA ZONE DE REPOS..............15
        DÉLIMITER LA ZONE DE JEU...................16
        DÉTERMINER LA PIÈCE POUR LIMITER LES ERREURS DE PROPRETÉ.....................18
        DÉLIMITER LA ZONE DES REPAS.............20
        DÉTERMINER LA PIÈCE POUR CALMER VOTRE CHIOT...21
        DÉTERMINER LA PIÈCE OU LA ZONE DE NETTOYAGE..22
      3 – SÉCURISER LES PIÈCES IMPORTANTES DE VOTRE MAISON..24
        SÉCURISER VOTRE SALON.......................25
        SÉCURISER VOTRE CHAMBRE ET VOTRE DRESSING...26
        SÉCURISER VOTRE SALLE DE BAIN........26
        SÉCURISER VOTRE CUISINE....................27
        SÉCURISER VOTRE GARAGE....................27
        RANGEZ VOS PRODUITS TOXIQUES........27
        ÉVITER LES ALIMENTS TOXIQUES..........28
        ÉVITER LES PLANTES TOXIQUES............29

4 – AMÉNAGER LES PIÈCES ET ZONES AUTORISÉES DE LA MAISON..........................30
    AMÉNAGEMENT SONORE........................30
    AMÉNAGEMENT DE LA TEMPÉRATURE RESSENTIE..31
    AMÉNAGEMENT DU LIEU DE REPOS......32
    AMÉNAGEMENT DU LIEU DE JEU...........33
    AMÉNAGEMENT DE LA CUISINE (POUR LIMITER LES ERREURS DE PROPRETÉ)..35
    AMÉNAGEMENT DE LA PIÈCE DE CANALISATION...36
    AMÉNAGEMENT DE LA SALLE DE BAIN 37
    AMÉNAGEMENT DU LIEU DES REPAS....38

PRÉPARER VOTRE JARDIN...............................39
    1 – LISTER LES ZONES AUTORISÉES ET INTERDITES DE VOTRE JARDIN...................40
    2 – DÉTERMINER OU DÉLIMITER LES ZONES DU JARDIN..41
    DÉTERMINER LA ZONE DE PROPRETÉ EXTÉRIEURE..42
    DÉTERMINER LA ZONE POUR CREUSER 43
    DÉTERMINER LA ZONE DE JEU................44
    NE FAITES PAS CETTE GRAVE ERREUR… 45
    3 – SÉCURISER VOTRE JARDIN.....................46
    ATTENTION AUX INSECTES !...................47
    SÉCURISER VOTRE TERRASSE.................48
    4 – AMÉNAGER LES ZONES AUTORISÉES DU JARDIN...49
    AMÉNAGER LA ZONE POUR CREUSER...49
    AMÉNAGER LA TERRASSE........................50

PRÉPARER LE JARDIN DU VOISIN (?!)..............51

LES OBJETS INDISPENSABLES À AVOIR AVANT SON ARRIVÉE..53
  1 – LES INDISPENSABLES POUR LA PROMENADE...54
    LE COLLIER...54
    LA MÉDAILLE...55
    LE HARNAIS..56
    LA LAISSE..57
    LA LONGE..58
    LE COLLIER LED.......................................58
    LE COLLIER GPS......................................58
    LE DOSSARD..59
  2 – LES INDISPENSABLES POUR L'ALIMENTATION..60
    LES GAMELLES D'EAU ET DE NOURRITURE..60
    LE PORTE-GAMELLE...............................61
    LES GAMELLES D'EAU ET DE NOURRITURES POUR L'EXTÉRIEUR........62
  3 – LES INDISPENSABLES POUR SON CONFORT...63
    LE PANIER..63
    LA CAISSE DE TRANSPORT..................64
    CAISSE OU CAGE DE TRANSPORT ?........64
  4 – LES INDISPENSABLES POUR LE JEU......66
    LES JOUETS À MÂCHER POUR FAIRE LES DENTS...66
    LE JOUET INTELLIGENT POUR L'OCCUPER LORS DES ABSENCES...........67
    LE JOUET INTELLIGENT POUR L'OCCUPER AVEC VOUS..............................67
    LES JOUETS EN EXTÉRIEUR.....................68

LES MISES EN GARDE....................69
5 – LES INDISPENSABLES POUR L'HYGIÈNE
....70
   LE SHAMPOOING POUR CHIENS.............71
   BROSSE POUR CHIENS................................72
   BROSSE À DENTS ET DENTIFRICE POUR
   CHIENS..72
   LE COUPE-GRIFFES..73
   L'INDISPENSABLE POUR LES FRILEUX..73
PRÉPAREZ SA NOURRITURE, SON EAU, SES
FRIANDISES...74
   1 – LA NOURRITURE....................................74
   2 – L'EAU..75
      L'EAU DU ROBINET.................................75
      L'EAU EN BOUTEILLE............................75
      EAU DU ROBINET FILTRÉE OU EAU EN
      BOUTEILLE ?..76
   3 – LES FRIANDISES ÉDUCATIVES.............76
PRÉPARER VOTRE ENTOURAGE........................77
   1 – SE DÉBARRASSER DES PERSONNES
   NÉFASTES..77
   2 – PRÉPARER POSITIVEMENT VOTRE
   ENTOURAGE..78
   3 – BRIEFER VOS ENFANTS........................80
   4 – BRIEFER LES INCONNUS......................81
SE PRÉPARER...83
   1 – UN CHIEN ? C'EST UN *BUDGET*...............*83*
      LE BUDGET VÉTÉRINAIRE.........................84
      L'ASSURANCE POUR CHIENS....................86
      L'ÉPARGNE IMPRÉVUE...............................86
      LE BUDGET JOUETS......................................87
      BUDGET TOILETTAGE..................................88

LA SÉLECTION DU VÉTÉRINAIRE ET DU TOILETTEUR..88
LE BUDGET NOURRITURE.........................90
2 – ORGANISER SON EMPLOI DU TEMPS....91
L'EMPLOI DU TEMPS LORSQUE VOTRE CHIEN ARRIVE..92
LES SÉANCES DE JEU...................................93
LES CONSULTATIONS ET IMPRÉVUES CHEZ LE VÉTÉRINAIRE.................................93
3 – PRÉPARER SA TROUSSE DE PREMIER SECOURS...95
4 – SE PRÉPARER PERSONNELLEMENT.......98
CHAPITRE 2 – LE JOUR J : FAITES RONFLER LES MOTEURS, GPS DESTINATION TOUTOU !.............99
INTRODUCTION..99
N'ALLEZ PAS CHERCHER VOTRE CHIOT SEUL, SOYEZ ACCOMPAGNÉ !........................99
LA PRÉPARATION DE LA VOITURE..................100
CE QUE VOUS DEVEZ FAIRE DÈS L'ARRIVÉE CHEZ L'ÉLEVEUR.............................102
LE RETOUR AVEC VOTRE CHIOT À LA MAISON 103
1 – LORS DE L'ARRIVÉE À LA MAISON......103
2 – PRENEZ UNE PETITE PHOTO................104
CHAPITRE 3 – L'ÉDUCATION COMMENCE ICI...105
INTRODUCTION..105
LA PROCHAINE ÉTAPE ?................................105

REMERCIEMENTS

Comme j'aime bien le dire, je ne vais pas chercher midi à 14 heures, je vais à 14 heures direct.

Je tiens à remercier mes parents pour l'amour, le soutien et la sagesse qu'ils m'offrent au quotidien, bien que je ne le montre pas souvent, j'ai une profonde gratitude envers eux et beaucoup de chance de les avoir dans ma vie. Mes VRAIS MENTORS c'est eux ! Je tiens à remercier également mon frère et ma sœur pour leur soutien, leur présence et leur proximité.

Merci également à l'ensemble des vétérinaires et animaleries m'ayant aidé à valider les informations de ce livre.

Je voudrais également faire une immense ovation à la Team « Toutou Pour Lui » et sa magnifique communauté sans qui cette aventure ne serait pas possible, avec une dédicace spéciale à Rachel, mon bras droit, sans qui cette aventure ne serait pas ce qu'elle est actuellement : merci pour ton investissement et ta confiance au sein du mouvement !

Pour terminer je voudrais personnellement vous remercier VOUS, mes lecteurs, qui me faites confiance au quotidien, et qui me permettez de me développer et de devenir en permanence une meilleure version de moi-même.

L'AUTEUR

Irvin J. DEFFIEU est un entrepreneur, né le 03 décembre 1995 en Guadeloupe. Ayant passé l'ensemble de son enfance avec les animaux : chiens, chats, lapins, poules, canards, chèvres, moutons, vaches, chevaux, c'est en toute logique qu'il a dédié sa vie à la lutte contre l'abandon et au respect des animaux. Informaticien de formation, Irvin use de ses talents en programmation pour développer le mouvement « Toutou Pour Lui » sur 3 créneaux : la sensibilisation, l'éducation et l'union.

En plus d'être le fondateur de « Toutou Pour Lui », Irvin est également le fondateur d'un nouveau type d'éducation : L'éducation positive scientifique (ou EPS) qui apporte une dimension de réflexion et d'analyse beaucoup plus poussée que les autres types d'éducation existant à ce jour dans le domaine.

La devise d'Irvin est simple : "lorsqu'on arrive à un résultat, on optimise parce qu'on peut toujours faire mieux, et lorsqu'on arrive à un échec, on optimise parce qu'il faut faire mieux."

Irvin vit actuellement à Lille et permet chaque jour à des centaines de personnes d'améliorer la relation et la confiance qu'elles ont avec leur animal.

Pour le contacter : irvin.deffieu@toutou-pour-lui.com ou coach@toutou-pour-lui.com

REJOIGNEZ-NOUS

Notre groupe Facebook : " éducation positive pour les chiens [Officiel] – Toutou Pour Lui " - https://www.facebook.com/groups/221958681690197/

Notre chaîne YouTube : " Toutou Pour Lui TV " - https://www.youtube.com/c/toutoupourluitv

Notre chaîne FM/Podcast : "Toutou pour Lui FM " - https://anchor.fm/toutou-pour-lui